परवाज़

दलजीत सिह कालरा

BlueRose ONE .com
Stories Matter
NewDelhi • London

BLUEROSE PUBLISHERS
India | U.K.

Copyright © Daljit Singh Kalra 2024

All rights reserved by author. No part of this publication may be reproduced, stored in a retrieval system or transmitted in any form or by any means, electronic, mechanical, photocopying, recording or otherwise, without the prior permission of the author. Although every precaution has been taken to verify the accuracy of the information contained herein, the publisher assumes no responsibility for any errors or omissions. No liability is assumed for damages that may result from the use of information contained within.

BlueRose Publishers takes no responsibility for any damages, losses, or liabilities that may arise from the use or misuse of the information, products, or services provided in this publication.

For permissions requests or inquiries regarding this publication, please contact:

BLUEROSE PUBLISHERS
www.BlueRoseONE.com
info@bluerosepublishers.com
+91 8882 898 898
+4407342408967

ISBN: 978-93-5989-349-5

Cover design: Muskan Sachdeva
Typesetting: Pooja Sharma

First Edition: February 2024

शुभकामनाएँ

दलजीत सिंह कालरा मेरे प्रिय शिष्यों में से एक है। प्रारंभ से ही उसमें साहित्यिक अभिरुचि एवं संवेदना भरपूर मात्रा में थी। शायद उसका एक कारण पारिवारिक पृष्ठभूमि भी थी। माताजी श्रीमती स्वर्ण कालरा हमारे विद्यालय में ही संगीत शिक्षिका थी। जिस कारण ललित कलाओं के प्रति आकर्षण बचपन से ही उत्पन्न हो गया था। पिता शुरू से ही बच्चों में साहित्य के प्रति रुझान उत्पन्न करने के लिए अनेक पत्र पत्रिकाएं पढ़ने के लिए मंगाते थे।सोने पर सुहागा उनके बड़े भाई जगजीत सिंह कालरा भी बहुत सुंदर कविताएं लिखते थे। ऐसे वातावरण में किशोर दलजीत के भीतर एक कवि ,एक शायर जन्म लेने लगा। केंद्रीय विद्यालय गोल मार्केट ने भी उनकी साहित्यिक गतिविधियों को प्रोत्साहन देने के लिए अनुकूल पर्यावरण प्रदान किया। विद्यालय पत्रिका में उनकी पहली कविता छपी। यहीं से एक भावी कवि के जीवन की शुरुआत हुई।

आज जब मैं दलजीत सिंह कालरा की कविताएं पढ़ती हूं जिसमें शेर, ग़ज़ल, रुबाइयां, मुक्तक होते हैं। तो कविता की गहराई देखकर मैं आश्चर्यचकित हो जाती हूं। अभिव्यक्ति का अंदाज बिल्कुल निराला है। कम से कम शब्दों में गहरी और चुभती हुई बात कहना उनकी सबसे बड़ी विशेषता है। नीचे गौर फरमाएं-

मयस्सर यूं भी नहीं श्याम सबको,
हर कोई मीरा तो दीवानी नहीं होती...

बेवजह जिद से हर रोज बिखर जाता हूं,
टूट जाना है कबूल ,झुकता नहीं हूं मैं...

ज़िन्दगी की सच्चाइयों को स्वीकार करते हुए कवि का यह कहना

उम्र की ढलान का, है शायद यह असर,
मुश्किल लगे हैं लगने, काम आसान से...

उनका भाषा पर एकाधिकार देखकर दंग रह जाना पड़ता है.। नीचे की पंक्तियों पर ध्यान दीजिए

आम हो जाने में दलजीत है बड़ा सुकून,
ज़ेहानत भी नहीं, और जहालत भी नहीं...

उनके उपमाएं कितनी बेजोड़ हैं इस पर मुलाहिजा फरमाइए-

चलो हसरतें में अपनी कुछ ख्वाबों को जोड़ते हैं,
चांद का तकिया बनाकर चादर सितारों की ओढते हैं...

उनकी भावनाओं की गहराई और जिदंगी की हकीकतें इस तरह बयान होती हैं-

भागते दौड़ते खो गई है
ज़िन्दगी लापता हो गई है।

कितने कम शब्दों में ज़िन्दगी की सच्चाई को बयां कर दिया है। ज़िन्दगी की भाग दौड़ में असल में हम ज़िन्दगी को ही खत्म कर देते हैं। ऐसा लगता है मानो किसी ने गागर में सागर भर दिया हो।

उनकी ग़ज़लें पढ़ कर लगता है जैसे उर्दू उनकी मातृभाषा हो। उर्दू की मिठास, भाव अभिव्यक्ति ,शब्द चयन सभी अपनी पूर्णता के साथ उसमें विद्यमान है।

बुलबुले सी औकात है किस बात का गरूर,
मगरूरियत को बिखरने में ज्यादा देर नहीं लगती...

उनके जीवन के समृद्ध अनुभव उनकी कविता की पृष्ठभूमि में जगह-जगह झलकते हैं। कहीं किसी प्रेमी की तड़प है ,तो कहीं जीवन के

निस्सारता की स्वीकृति पूरी तरह सहजता के साथ विद्यमान है। पूरी रचना में भाषा की कसावट,शब्द चयन की प्रक्रिया और वाक्य विन्यास देखते ही बनता है।

पहले मैंने दलजीत कालरा की 'आग़ाज़' पूरी पढी जिसने एक तरह से घोषित कर दिया कि एक नया परंतु परिपक्व कवि आ रहा है। अब भला 'परवाज़ ' की उड़ान को कौन रोक सकता है।

मैं दलजीत सिंह कालरा के उज्जवल भविष्य की कामना करती हूं और आशा करती हूं उनकी कलम से नए-नए कलाम निकलेंगे ,नए-नए कमाल होंगे। उम्मीद है यह कवि अपने मन से भी ऊपर उठकर जनमन का कवि बनेगा।

शुभकामनाओं सहित

किरण गुप्ता

हिंदी अकादमी के प्रतिष्ठित

"हिंदी शिक्षक सम्मान" से सम्मानित,

३६ वर्ष उच्चकोटि अध्यापन को समर्पिता

चंद बातें

'आग़ाज़' के बाद 'परवाज़' मेरी ग़ज़लों, नज़्मों और कविताओं का दूसरा संकलन है। मेरे दोनों ही संग्रहों में आपको ग़ज़लों, शेरों, रूबाइयों और कविताओं का मिलाजुला तानाबाना मिलेगा। हिन्दी और ऊर्दू दोनों ही ज़ुबानों का इश्क़ मेरी कलम को मानों सम्मोहित कर के अपने ही तरीक़े से नचाता है। कभी कविताओं की भेस में हिन्दी अपना जादू दिखा जाती है तो कभी ग़ज़ल, शेर या रूबाई बन कर ऊर्दू अपना तिलिस्म हावी कर जाती है। बहरहाल मेरी कोशिश यही रही कि मैं लिखते वक़्त अपनी कलम का कहा ही मानूँ, जो खुद मेरे ज़हन से एहसासों के पुलंदे में से कोई एहसास चुन कर अपनी मरज़ी से सुख़न का कोई भी तरीका पसंद कर सफ़्हात पर बिखेर दे।

इस किताब में मेरी ज्यादातर ग़ज़लें संकलित हैं और सभी मेरे दिल के बहुत करीब हैं। ऐसा इसलिए भी है के सभी मेरे दिल की ज़ुबान हैं। ग़ज़लों की एक ख़ासियत जो मुझे बेहद पसंद है वह है उसकी रिवायतें। मतला, मक़्ता, काफ़िये.. मानों ढाँचा हमारे पास है बस उसमें हर रंग की मिट्टी घोल कर डालनी है और एक खूबसूरत सी कृति को आकार दे देना है। चंद कविताएँ, दोहे, शेर और रूबाइयाँ भी हैं जो मेरी सोच को प्रतिबिंबित करती हैं।

इस किताब के लेखन का श्रेय भी मैं उन सभी अपनों को देना चाहुँगा जिन्होंने मुझे हर कदम पर प्रोत्साहित किया और आलोचक बनकर मेरे लेखन को सुधारने की भी कोशिश की। उन सभी का आभार।

कुछ नफ़ीस हर्फ़ लिखे,
कुछ आलिम अंदाज़ लिखा..
रक्स करते एहसासों का,
सुरीला सा एक साज़ लिखा..
मुजस्सम दिल की बातों का,
पोशिदा वो एक राज़ लिखा..
मायने होते हैं क्या सुख़न के,
कोशिश कर 'आग़ाज़' लिखा..
अब पंख लगाकर लफ़्जों को,
ख़्वाबों का 'परवाज़' लिखा...

नफ़ीस - सुन्दर, हर्फ़ - शब्द, आलिम - विद्वान, रक्स - नृत्य,
मुजस्सम - विशाल, पोशीदा - छुपा हुआ,
सुख़न - लेखन, आग़ाज़ - शुरुआत, परवाज़ - उड़ान

ग़ज़ल

मेरी कोशिशों को जीत की दरकार नहीं होगी,
अगर मैं हार भी जाऊँ तो मेरी हार नहीं होगी..

था कब कहा मैंने के आसमान छू नहीं सकता,
हौसलों के साथ तदबीर कभी बेकार नहीं होगी..

दिल के लिए एक दिल और हाथ को एक हाथ,
के इंसानियत इंसां की कभी व्यापार नहीं होगी..

मानिंद किताबों के एहतियातन रखेंगे इसे लोग,
ईमानदारी कभी भी रद्दी की अख़बार नहीं होगी..

बहुत शिद्दत से छुपाता हूँ अपने पैरहन के पैबंद,
के मुफ़लिसी की नुमाईश सरे बाज़ार नहीं होगी...

तदबीर- युक्ति, मानिंद- तरह, पैरहन- लबादा, मुफ़लिसी- गरीबी

कविता हूँ मैं..

आदि हूँ अनाद हूँ,
कभी प्रेम हूँ सिंहनाद हूँ..
हर्ष हूँ विषाद हूँ
कविहृदय में आबाद हूँ..
वृहद हूँ व्योम सी,
अणु सी बारीक हूँ..
अजर हूँ अमर हूँ,
कविता हूँ मैं.. ठीक हूँ...
मध्य हूँ क्रांति के,
गीत हूँ मैं शांति के..
रचनात्मकता हृदय की हूँ
स्वांग हूँ हर भांति के..
हूँ धुरी हर भाष की,
लय हूँ मैं स्वास की..
ईश साधना की नीत हूँ
कविता हूँ मैं.. ठीक हूँ...

ग़ज़ल

चाहतों में तुम्हारी, और कितना बिखरते,
भूल गए हैं खुद को, तुम्हें याद करते करते...

बातें वो तुम्हारी, हैं अब भी ज़हन पे क़ाबिज़,
खो गए हैं फिर हम, कोई बात करते करते...

हक़ जायज़ था हमारा, खैरात तो नहीं थी,
रुक गए इक दफ़ा फिर, फरियाद करते करते...

कोई मानता नहीं है, कोई सुनता नहीं हमारी,
अश्कों से लड़ पड़े हम, दिले शाद करते करते...

ज़र्रे सा था वजूद, खुले आसमां के आगे,
के परवाज़ रोक ली, आग़ाज़ करते करते...

क़ाबिज़ - कब्ज़ा, खैरात - दान, शाद - खुश, ज़र्रा - कण, परवाज़ - उड़ान, आग़ाज़ - आरम्भ

अपने अल्फ़ाज़ अब, खुद को ही सुना लेते हैं,
आईने से लेकर मंज़ूरी, ज़ख्म अपने दिखा देते हैं,
हर परेशान बशर को, अब और क्या करें परेशां,
लिखते हैं बहुत कुछ, फिर लिख के मिटा देते हैं...

ग़ज़ल

दोस्ती नींद से कुछ इस तरह निभाता हूँ,
जो भी मिल जाता है ओढ़ लेता हूँ सो जाता हूँ...

जानता हूँ ज़िन्दगी तेरे सबक के मायने,
हर बार गिरता हूँ फिर गिर के संभल जाता हूँ...

वक़्त की तरह ही रखी है तासीर अपनी,
पलट कर नहीं आता जो इकबार चला जाता हूँ...

परस्तिश से ही कामिल है हर मेरी उम्मीद,
दर खुदा का छोड़ कर मैं और किधर जाता हूँ...

मेरी नाराज़गियाँ भी नाराज़ मुझसे रहती हैं,
क्या करूँ मोम हूँ हर बार पिघल जाता हूँ...

आएगा एक रोज़ वक़्त अपना भी यारो,
अभी चुरा लेते हैं नज़रें, मैं जब भी नज़र आता हूँ...

तासीर-असर, परस्तिश-पूजा, कामिल-पूरा

सोचा तुम्हे

अपने लफ्ज़ों में, खोजा तुम्हें,
जब भी लिखा, बस सोचा तुम्हें...

इंद्रधनुषी रंगों में कभी,
मयूर के पंखों में कभी..
कभी रक्ताभ क्षितिज में,
तड़ित तरंगों में कभी..
कलम उठी तो, खोजा तुम्हें,
जब भी लिखा, बस सोचा तुम्हें...

लरजती छुआई में तुम,
चेहरे की लुनाई में तुम..
पलकों पर नमी की तरह,
बिखरती स्याही में तुम..
शब्द समेटे तो, खोजा तुम्हें,
जब भी लिखा, बस सोचा तुम्हें...

ग़ज़ल

रूह में समा जाता सारा कोई,
काश यूँ भी हो जाता हमारा कोई...

कुछ रिश्ते यूँ भी तमाम होते हैं,
जैसे टूट जाता है रात तारा कोई...

यक से खो जाते हैं हवा में यूंही,
जैसे मिलकर कर्ज़ हो उतारा कोई...

गिला ओ शिकवा करें कैसे उनसे,
के शिकन उस रूख़ ना गवारा कोई...

आईना देख करके भी क्या होगा,
के चाँद को कैसे करे सँवारा कोई...

शाद हो जाते हैं तेरे ख़्याल से ऐसे,
जैसे लुत्फ़ हो जश्न ए बहारा कोई...

तेरे शहर का हर मोड़ जानता है हमें,
ना मिलेगा हम सा भी आवारा कोई...

अभी तो आग़ाज़ है इतना सोचते क्यों हो,
मेरी परवाज़ को देखना मुझे रोकते क्यों हो...

यूं तो जानता हूँ मैं, कि पलड़ा किसका भारी है,
मेरे और वक़्त के दरमियान, दौड़ मगर जारी है..

एहतियात है हर कदम हर कदम पर संभलना,
कौन कमबख़्त कहता है के आसां है इश्क़ करना...

खामोशियों से भी कुछ, जज़्बात कहने चाहिएं...
एहसासों और लफ्ज़ों में, ताल्लुकात रहने चाहिएं..

पलकें झुका के रखो सब राज खोल देंगी,
के बोलती बहुत हैं कमबख़्त तुम्हारी आँखें...

ग़ज़ल

बनके दरिया सागर की राह बहना चाहिए,
मंज़िलें दूर ही सही सफ़र जारी रहना चाहिए...

अपने ही हैं ग़म, परदों में रहें तो बेहतर है,
अश्कों के सैलाब पर पलकों को भारी रहना चाहिए...

महबूब सी ये खुशियाँ कब तलक रहेंगी साथ,
मुश्किलों को भी अपना मानकर, सहना चाहिए...

हर चीज़ पर हक़ सिर्फ हव्वा का तो नहीं है,
आदम को भी तो शर्मो-हया का गहना चाहिए...

कलम नहीं होती तीखी, तीखे लफ़्ज़ होते हैं,
सुख दे जो सबको, सुख़न वही कहना चाहिए...

सुख़न-शायरी

सुकून

आश्वस्त हूँ अपनी पहचान से,
अब कोई शिकायत नहीं है आसमान से...

जैसा भी हूँ मैं ठीक हूँ,
बुरा किसी का सोचता नहीं..
तलाशता हूँ अपनी कमियां,
बेवजह किसी को कोसता नहीं..
बना लिए हैं कुछ उसूल आसान से,
अब कोई शिकायत नहीं है आसमान से...

खाने को बस दो रोटी,
और तन ढकने को कपड़ा..
किस्मत पर कोई बस नहीं,
फिर काहे का झगड़ा..
दिन ज़िन्दगी के कट रहे हैं आराम से,
अब कोई शिकायत नहीं है आसमान से...

ग़ज़ल

अंजाम से अपने सिहर जाती हैं कई बार
हाथों की लकीरें भी बिखर जाती हैं कई बार...

ऊचाईयों का गुमान टूटने में देर नहीं लगती,
कदमों तले पल में ज़मीं खिसक जाती है कई बार...

वक़्त हक़ में ना भी हो तो हौंसला रखना,
किस्मत हो या बाज़ियाँ पलट जाती है कई बार...

कायदों से नहीं होता, करिश्मे भी होते हैं कभी,
बिन बादल भी बिजलियाँ चमक जाती हैं कई बार...

रास्तों का हमकदम हूँ तुम कहते हो आवारा,
राह चलते पगडंडियाँ भी भटक जाती हैं कई बार...

अहद ए हिज्र को शिद्दत से निभाया होगा,
इक स्याह रात को सितारों से सजाया होगा..
चंद लम्हों को वक़्त भी ठहर गया होगा शायद,
हर्फ़ ब हर्फ़ जब उसने मुझको दोहराया होगा...

ग़ज़ल

हर हाल में साथ निभाया ग़म ने,
यही सुना सबसे हज़ार बार में हमने...

जीने की वजह वही दे गए हमको,
उम्र गुज़ार दी जिनके इंतज़ार में हमने...

टूट जाता है हर बात पर नामाकूल,
बस कमी यही देखी ऐतबार में हमने...

सुबह, दोपहर और रात भी इंतज़ार,
तनख़्वाह कहाँ पाई इस रोज़गार में हमने...

तिज़ारत यूँ की के हाथ खाली ही रहे,
साख ही कमाई उम्र भर बाज़ार में हमने...

नुकसान से सीखा मुस्कुराना हमने,
यही सौदा नफ़े का किया व्यापार में हमने...

तिज़ारत-व्यापार, नफ़ा-फायदा

ज़िन्दगी..

मुस्कुराती है कभी,
कभी पशेमान करती है..
आसमां की है बुलंदी कभी,
कभी परेशान करती है..
बदल जाती है कभी पल में,
सफ़र आसान करती है..
है सब बिसात उसी की,
मोहरों को ऐलान करती है,
ला-फ़ानी है बस यही,
हर बशर को मेहमान करती है..
शिकायतें दस्तूर की नहीं होतीं,
तुग़लकी फ़रमान करती है..
अपनी मर्ज़ी की मालिक है,
ज़िन्दगी.. हैरान करती है

ग़ज़ल

हर आस जीते हर आस मरते,
रफ़्ता रफ़्ता रो दिए, क्या करते...

पलटकर हर वार आना ही था,
जो दिए थे वो लिए, क्या करते...

पाकीज़गी पाक दामन के लिए,
गुनाह बेहिसाब किए, क्या करते...

आतिशे गैर से अपना घर बचा,
मूंद कर आँखें जिए, क्या करते...

कायराना ज़हनियत तारी रही,
घूंट ज़लालत के पिए, क्या करते...

रफ़्ता-रफ़्ता - धीरे-धीरे, पाकीज़ा - पवित्र, आतिश ए गैर - परायी आग,
ज़हनियत - सोच,
ज़लालत - अपमान

चाँदी के वर्क में लिपटा है,
फरेब शहद सा बिकता है..
जैसा जिसको दिखता है,
वैसा वो हमको लिखता है...

जितने पल की साँसें हैं,
बस उनको हूँ सहेजता....
उम्र का फरेब जाल है,
अब मैं आईना नहीं देखता...

ग़ज़ल

हर हाल में रहता है, उनका दबदबा कायम,
हवाओं को आँधियाँ बनने में ज्यादा देर नहीं लगती...

कमज़र्फ धूल भी रहती है जो पाँव के नीचे,
आगोश में ले लेती है पल में ज्यादा देर नहीं लगती...

नाज़ क्या करना है फ़ानी बादशाहत पर,
तख़्त ओ ताज पलटने में ज्यादा देर नहीं लगती...

बुलबुले सी औकात है किस बात का गुरूर,
मग़रूरियत को बिखरने में ज्यादा देर नहीं लगती...

तल्ख़ धूप रहती है बस कुछ देर ही मेहमां,
उसकी रहमतों को बरसने में ज्यादा देर नहीं लगती...

कमज़र्फ - तुच्छ, फ़ानी - मिट जाने वाला, मग़रूरियत - घमंड, तल्ख़ - तीखी

एक प्रयोग

जीने की जद्दोजहद, कुछ पाने का जुनून,
इन्हीं सब मे खो गए फुरसत और सुकून...

फुरसत और सुकून खोजते बीती उम्र तमाम,
दौड़ने में ही बीत गई हर सुबह और शाम...

हर सुबह और शाम में बस दो ही पल रहे
वो भी गए सिधार सोचते कौतक नित नए...

कौतक नित नए भी कुछ काम नहीं आते,
समय से पुर्व भाग्य से अधिक कुछ नहीं पाते...

कुछ नहीं पाते यह बात समझ्र नहीं आती,
जीना भर काफी है संपदा साथ नहीं जाती...

संपदा साथ नहीं जाती तो यह विचारा जाए,
के गिनती की हैं साँसें उन हीं को सँवारा जाए...

ग़ज़ल

दौर ए ज़िन्दगी का इस तरह बखान किया जाए,
ज़मीन को मानकर फ़र्श, छत को आसमान किया जाए...

शोहरत ओ दौलत के साथ चाहिए सुकून भी हमको,
कहीं तो रुका जाए, कहीं तो इत्मिनान किया जाए...

नमक ना सही इस मरतबा मलहम ही सही,
अपने आप पर भी एक-आध एहसान किया जाए...

जो वो आफ़ताब हैं तो हम भी हैं आसमान,
हम भी किसी से कम नहीं ये गुमान किया जाए...

कुछ देर सोने दीजिए थक चुके ज़मीर को,
अब वक़्त है थोड़ा खुद को बेईमान किया जाए...

मायूस होने में अभी थोड़ी सी कसर है,
ज़िंदा हूँ मैं बस अभी अच्छी यह ख़बर है...

कुछ सुनूँ सबकी कुछ अपनी कहूँ,
ज़िंदा हूँ जब तलक ज़िंदा तो रहूँ...

बाद हमारे भी रहेगी रौशन दुनिया,
हम हवाओं की तरह बहते हैं फ़ना होते हैं...

दूर तलक अंधेरों में जलाता हूँ रौशनी के दिये,
यूँ भी जी लेता हूँ कभी अपने सपनों के लिये...

जो इसके रंग हैं हज़ार ज़िक्र दर्द का ही क्यों किया जाए,
ग़ैर मुक़म्मल ज़िन्दगी को भी क्यों ना हंस कर जिया जाए...

ग़ज़ल

अपनी सजाएँ भोगते नित नये भेस में,
अस्पतालों में, तो कभी कोर्ट केस में...

नर्क स्वर्ग अब है सभी, इसी जहान में,
चित्रगुप्त भी पड़ते नहीं किसी कलेष में...

कौन होता है खुश, औरों की खुशी में,
बनावटें ही रह गई हैं, हर बधाई संदेस में...

सब मौसेरे भाई चोर चोर हो गए,
नारायण अब मिलते नहीं नर के भेस में...

बेगाने से लगने लगे चेहरे सभी यहाँ,
क्या करें दिल लगता नहीं अपने ही देस में...

चित्रगुप्त - पाप पुण्य का हिसाब करने वाले देवता

मैं चाँद ज़मीं पर क्यों लाता

हर शायर का मोहरा है,
शख़्सियत में भी दोहरा है..
दाग़ हैं जिसके चेहरे पर,
घटते और बढ़ते पहरे पर..
शेरों में उसकी कवायद है,
हक़ीक़त में पर शायद है..
चकोर को तो भाता है,
विज्ञान समझ कहाँ आता है..
माँगे है रौशनी उधार की,
करता है बातें प्यार की..
छुप जाए ज़रा सी धूप से,
मुकाबला.. मेरे महबूब से..
झूठ सच क्यों बतलाता,
आईना किस को दिखलाता..
कहाँ मुक़ाबिल वो उससे,
मैं चाँद ज़मीं पर क्यों लाता...

ग़ज़ल

रिवायतें इबादत की इंसान नहीं जानता,
मानता है खुदा को पर खुदा की नहीं मानता...

नींव अपने घर की मजबूत होनी चाहिए,
फ़र्क पत्थरों का मगर क्यों नहीं पहचानता...

एक नूर है रब, जो यह बात समझ लेता,
तो इंसां हर रहगुज़र की ख़ाक नहीं छानता...

हसरतों की हकीकतें तकलीफ़ देती हैं बहुत,
जब चादर की हदों में आदम पाँव नहीं पसारता...

आदमी की उम्मीदों की फितरतें भी हैं अजीब,
वरना बीच आँधियों के वो शामियाने नहीं तानता...

रिवायतें - रिवाज़, इबादत - पूजा, रहगुज़र - राह

कुछ हाथ नहीं आता...

तौर ज़िन्दगी का, क्यों बदल नहीं जाता..
ख़ुशी है जो छलक जाती है, ग़म है जो नज़र नहीं आता...

मखमली हैं ख़्वाब, हक़ीक़तें हैं चुभती..
मयस्सर हैं दोनों हमको, मगर कुछ हाथ नहीं आता...

फ़ेहरिस्त ख़्वाहिशों की, क्यों मुकम्मिल नहीं होती..
जो खीसे में आफ़ताब किया, पहलू में माहताब नहीं आता...

खुदगर्ज़ हो गया हूँ, एहसान नहीं मानता..
रब साथ तो रहता है, मगर क्यों याद नहीं आता...

ग़ज़ल

बारिशों में पर्वतों के पास जो गया,
स्वर्ग होगा कैसा मुझे आभास हो गया...

पेड़ों के छेड़ते दिखे जो बादलों के झुँड,
तो हरितिमा पर ओस का लिबास हो गया...

अमृत की धाराओं से नहा करके जो निकला,
राह का वो पत्थर भी कितना खास हो गया...

बह चली हिमानियों से समुंदरों की ओर,
उतावली नदी को मिलन का एहसास हो गया...

अठखेलियाँ, झूमना, वो मकरंद बाँटना,
फूलों और तितलियों का मधुमास हो गया...

भरे है बादलों की ओट से सूरज भी हाजिरी,
देवताओं की धरा पर स्वर्णिम प्रकाश हो गया...

मकरंद - फूलों का रस

बिखरे वज़ूद का बुत हो गया हूँ मैं,
सुध को खोकर बेखुद हो गया हूँ मैं,
बे-वजह ही जद्दोजहद की उम्र भर,
बाद अरसे फिर से खुद हो गया हूँ मैं...

ग़ज़ल

ज़र्द चेहरों पर नक़ाब कैसे मुस्काया,
जब आईना देखा, तो समझ में आया...

दोस्त कहाँ से कहाँ तक जा पहुँचे,
औकात पूछी मेरी, तो ज़हन में आया...

हर बात पर ख़फा ना हो वालिदैन से,
ज़रा पूछ तो कहाँ से लहु बदन में आया...

बस राह के पत्थर ही अजनबी ना लगे,
लौटकर जो मुसाफ़िर कई बरस में आया...

तेरी बातें, तेरी यादें, साथ में ले आया,
जब एक शेर पुराना, नयी ग़ज़ल में आया...

लोग पूछते हैं मेरे लिखे में दर्द का सबब,
अश्क़ बनकर स्याही जो मेरी कलम में आया...

वालिदैन - माता पिता

तौर लिखने के..

कहाँ के तौर होते हैं,
के लिखने के भी दौर होते हैं...

कभी ख़्याल भर भर के आते हैं,
कभी तानकर लंबी सो जाते हैं..
कलम कभी तो रूकती ही नहीं,
कभी रहे अलसायी सी पड़ी..
बीती बातें, यादें, ज़ख्म कई सारे,
भला लिख लिखकर कोई कब तक पुकारे..
समाज भी निष्ठुर हो गया बेशरम,
उकसाता नहीं दिखला कर अपने नये करम..
वही पुराने घिसे पिटे से शोर होते हैं..

कहाँ के तौर होते हैं,
के लिखने के भी दौर होते हैं...

ग़ज़ल

मेरी शायरी का चर्चा, इक दिन तो आम होगा,
तुम से शुरू हर लफ्ज़, तुम पर तमाम होगा...

शायरी ओ सनम का राब्ता, क्या पूछते हो तुम,
कलम तब थमेगी, जब आखिरी सलाम होगा...

सामान देख लेना मेरा, पर मेरे जाने के बाद,
होंगी कुछ शिकायतें और तुम्हारा ही नाम होगा...

ज़िक्र होने पर मेरे, वो जो अश्क़ इक बहेगा,
वो नमक रखना संभाल, वही मेरा ईनाम होगा...

दिलफरेब इक ख़्वाब है, मेरी शायरी के चर्चे,
अलग होगा जहान वो, अलग ही मुकाम होगा...

चाय और तुम...

मुँह लगती है गले नहीं लगती,
गर्म रहती है सर्द नहीं लगती,
इश्क़ तुमसे करें या चाय से,
तलब लगती है मगर नहीं लगती...

ग़ज़ल

ख़ुद को या तुम को, मनाना किसे है,
भूल गये हम यह भी, के भुलाना किसे है...

मोहब्बत, दीवानगी, जुदाई और तड़प,
जो वो जानता है सब, तो समझाना किसे है...

वफ़ा, मोहब्बत, ये चाँद और ये सितारे,
कर तो लें वादा तुमसे, मगर निभाना किसे है...

जिसमें चाहत थी कभी, दिल वो कोई और था,
धड़कनें भी लगें ग़ैर सी, अब आज़माना किसे है...

मरने मिटने को तो इश्क़ पहले ही से बदनाम है,
फ़ना जो हम हो ही गए, तो अब मिटाना किसे है...

ख़ुद को ही संभाल लें इतना ही बहुत है,
यहाँ हर कोई परेशान है, बहलाना किसे है...

खुद से ही लड़ना होगा...

और रुकेंगे कब तक आखिर, आगे तो बढ़ना होगा,
कमी अगर खुद में ही है तो, खुद से ही लड़ना होगा..
निज स्वार्थ के हेतु हम सब, कब तक ढोंग रचाएंगे,
अपना घर हो आज ही पूरा, देश को कल चलाएंगे..
कौन लड़ेगा किसकी ख़ातिर, कितना सुंदर सपना है,
कर्मभूमि तो सबकी है, पर समर सभी का अपना है..
व्यवस्था का विरोध करें, क्या हम इसके लायक हैं,
हर नियम का करें उल्लंघन, हम भी कैसे नायक हैं..
बदल के रख देंगे सृष्टि को, पहले खुद बदलना होगा,
काठ की नाव पर लाद अंगारे, कैसे पार उतरना होगा..

कमी अगर खुद में ही है तो खुद से ही लड़ना होगा...

ग़ज़ल

तेरी आँखों में, दिखता रहूँ,
तू सोचा करे, मैं लिखता रहूँ...

दे मोहब्बत, खरीद ले मुझको,
बस इसी दाम पर, मैं बिकता रहूँ...

बहुत छोटी सी है, हसरत मेरी,
तू रुबरु रहे मेरे, मैं तकता रहूँ...

उम्र इतनी सी, चाहिए मुझको,
के धड़कनें हों तेरी, मैं गिनता रहूँ...

इक तिरा हाथ हो, हाथों में मिरे,
कयामत तक यूं ही, मैं चलता रहूँ...

बन के आया हूँ, इश्क़ का प्याला,
इतना भर दे मुझको, मैं छलकता रहूँ...

आब ए चश्म में डूबता उतरता होगा,
हम जैसे मरे ना ऐसे कोई मरता होगा...

गाहे बगाहे छू जाती हैं मुझको अक्सर,
तुमसे तो तुम्हारी यादें हैं बहुत बेहतर...

नींद गई, ख़्वाब गए, और मिरा जिगर गया,
शब से इक बार जो बातों में तिरा जिकर गया...

तेरी यादों से इक शिकायत यूं भी है,
क्यों अब हिचकियाँ भी नहीं आती...

शिकस्त वाबस्ता हुई खुद को आजमाने में,
के उम्र गुज़ार दी सारी हमने तुम्हें भुलाने में...

ग़ज़ल

हमसे मत पूछिए हमारी शराफत के निशां,
हुक्मरानों से हैं हमें शिकायतें मगर बहुत...

लबों पे मुस्कान है शीरी ज़बान भी खूब है,
रखें ज़हन में फिर भी हैं अदावतें मगर बहुत...

यूँ तो खुदमुख़्तार हैं, 'मैं' भी रखते हैं बड़ी,
हर तरफ से चाहियें रियायतें मगर बहुत...

कहने को आज़ाद हैं, कौन रोकेगा हमें,
बेड़ियाँ हैं पाँव की रिवायतें मगर बहुत...

हाथ बढ़ाकर तोड़ लें चाँद, तारे, आफ़ताब,
हर कदम पर हैं यहाँ हिदायतें मगर बहुत...

हुक्मरान-राज करने वाले, शीरी ज़बान-मीठी बोली, अदावतें-दुश्मनी, खुदमुख़्तार-स्वतंत्र,
रियायतें-छूट, रिवायतें-रिवाज, आफ़ताब-सूरज

अमृता जी के लिए..

क्षितिज की हदों पर,
हृदय की सरहदों पर..
पंछियों की चहक सी,
गुलिस्तां की महक सी..
अचानक किसी मोड़पर,
स्निग्धता ओढ़कर..
पुरवाई सी कभी,
यूं ही बेवजह..
नेह पुष्प बनकर,
फिर से खिलोगी..

जानता हूँ मैं,
कि तुम मुझे..
फिर से मिलोगी...

ग़ज़ल

खुशफ़हमियों में हमारी कोई कमी नहीं,
खुशियों में तो खुश रहें, ग़म में ग़मीं नहीं...

है यकीन के कुसूर पिछले जनम का है,
इक वजह यही है जो राह शबनमी नहीं...

ये ज़मीन घूमती है के या खिसकती है,
कदमों तले हमारे दो पल भी थमीं नहीं...

तुम ख़ाक को हमारी देना हवा में फेंक,
आसमां तो है हमारा दो गज़ ज़मीं नहीं...

क्योंकर तेरे ज़ख्म की ना हो ख़लिश मुझे,
दिल पत्थर कर देना जो आँखों में नमी नहीं...

गुस्ताखियाँ दिल की, नींद पर कहर हो गई,
तेरी गली की यादें तकसीम-ए-शहर हो गई,
मेरे रोके से ना रुकी, बेवफ़ा शब गुज़र गई,
तुझे सोचने और लिखने में ही सहर हो गई...

ग़ज़ल

जाने कौन से लाफ़ानी की ख़ुमारी रहती है,
जब तलक रुक नहीं जाते, दौड़ जारी रहती है...

हाथ अपने कुछ नहीं, न सूद ही और न असल,
उधार के माँगे हुए दम की भी उधारी रहती है...

आख़िरी मंज़िल को तो बस चार काँधे चाहिए,
जाने कौन सी फिर भी, शह-सवारी रहती है...

दरमियाँ ठोकरों के आस भी कामिल रही,
के बे-एतबारों पर भी थोड़ी एतबारी रहती है...

चेहरे पर चेहरा है यहाँ मुखौटों का बाज़ार है,
इब्तिदा से अंजाम तक बस अदाकारी रहती है...

लाफ़ानी-नश्वरता, शहसवारी-घोड़े की सवारी, कामिल-पूरा,
इब्तिदा-आरंभ, अंजाम-अंत

मोहब्बत

सलीका रहा ज़िन्दगी का,
कतरा कतरा पिघलती रही...
हसरतों के दरम्यान मगर,
मोहब्बत राह अपनी चलती रही...

ज़िम्मेदारियाँ कामिल रहीं,
परेशानियाँ भी शामिल रहीं..
कभी थम गए, झुके कभी,
खेले ज़िन्दगी के खेल सभी..
उम्मीद थी और था हमसफ़र,
रहा बेलफ्ज़ सुकून हर रहगुज़र..
ऊंगलियों की हल्की सी छुअन,
तेरे साथ ही हूँ का अपनापन..
हर हर्फ़ जिसके दस्तख़त,
कभी रूकती, गिरती, संभलती रही..
मोहब्बत राह अपनी चलती रही...

ग़ज़ल

क्या गज़ब कहर कमज़ोर बीनाई ने किया,
वो सामने बैठा था मेरे और दिखाई ना दिया...

इक तो याद उसकी पहले भी मुश्किल से बहुत आती है,
और कमबख़्त फिर उसका नाम भी सुझाई ना दिया...

जो होले से कहा उसने, इज़हारे इश्क़ था शायद,
ऊँचा सुनते हैं अब मगर कान, कुछ सुनाई ना दिया...

हरकतों को अब हमारी कोई तवज्ज़ो नहीं देता,
आशिकी तो करते हैं फिर भी नाम शैदाई ना दिया...

हम बाँटते मोहब्बत थे, दुनिया नहीं समझी,
ज़ख्म तो सबने दिये, मशविरा ए दानाई ना दिया...

बीनाई-नज़र, तवज्जो-ध्यान देना, शैदाई-आशिक, मशविरा ए दानाई-अक्लमंदी की सलाह

दोहे

दौलत को मत तौलिये, सुनिए दिल की बात ।
स्वर्ण पिंजरे में क़ैद परिंदे, भी रहते नाशाद ।।

बन मुसाफ़िर आये हैं, दो दिन के मेहमान ।
तेरी मेरी ना कीजिये, यह बात लीजिए मान ।।

साध संगति से गुण मिले, और बढ़े है ज्ञान ।
धन संपदा सब धरी रहे, वाणी को सम्मान ।।

सिमरन को है दो घड़ी, जीने को हैं चार ।
बस इतनी सी ज़िन्दगी, जैसे चाहे गुजार ।।

कमाल की रखिए दोस्ती, जैसे तेल और आग ।
साँझ तले बुझता है सूरज, बुझते नहीं चिराग ।।

ग़ज़ल

ना शिकवा, ना अदावत, ख़लिश भी नहीं,
बिछड़ कर हो जाए फ़ना, वो प्यार तो नहीं...

उसका आना, उसका जाना नसीब था शायद,
हाथों की लकीरों पर अपना इख़्तियार तो नहीं...

कदमों में ना बिछाईये थोड़ी कदर तो कीजिये,
दिल ही है हुज़ूर, पुराना कोई अख़बार तो नहीं...

इक हाथ से देता है दिल, सुकून ले लेता है,
वो तिजारत इश्क़ की करता है गुनाहगार तो नहीं...

अंजाम हसरतों का देखकर कर ली तौबा हमने,
इश्क़ इकबार ही देता है सबक, बार-बार तो नहीं...

अदावत- दुश्मनी, ख़लिश- चुभन, इख़्तियार- वश

यादों की गली

आज जो निकला यादों की गली में तो समझ आया,
कुछ तो ऐसा था राह में जो मैं कहीं पीछे छोड़ आया...

जिसकी चाहत की ख़्वाहिश थी कभी जुस्तज़ू मेरी,
उसके दिल की बात मैं क्यों कभी समझ नहीं पाया,
वो आँखें जो रोते हुए भी मुस्कुरा देती थी मेरी खातिर,
कुछ अश्क़ थे जिनके रस्ते को मैं कहीं और मोड़ आया...

धुंधला सा एक अक्स ही रह गया है अब आँखों में कहीं,
हसीन चाँद था जिसे वक़्त के धुंधलके में कहीं ओट आया,
वो जो रक़्स किया करती थी फिज़ाओं में कहीं मेरी ख़ातिर,
उन थिरकते हुए पावों के घुंघरुओं को कही मैं तोड़ आया...

आज जो निकला यादों की गली में तो समझ आया,
कुछ तो ऐसा था राह में जो मैं कहीं पीछे छोड़ आया...

ग़ज़ल

मन्नत के धागों का भी, ऐसे रुतबा खो गया,
वो एक दरख़्त जब, आँधियों के नाम हो गया...

यकीन था एक दिन, होगी कामिल हर दुआ,
क्या बतायें यकीन का, टूटना अब आम हो गया...

सोचते हैं जो हो जाए वो, जरूरी तो नहीं,
जो करने चले थे मुकम्मिल, वो तमाम हो गया...

टूटना दिल का, हुआ मुआफ़िक यूँ हमें,
थोड़ी तकलीफ़ तो हुई मगर, फिर आराम हो गया...

वक़्त तो वक़्त है, फ़ितरतन बदलता है,
दोपहर धूप सा बिफरा था, फिर ठंडी शाम हो गया...

रुतबा - ओहदा, दरख़्त - वृक्ष, कामिल - पूरा, मुकम्मिल - पूरा,
मुआफ़िक - अनुकूल,
फ़ितरतन - स्वाभाविक

खामोशियों से भी कुछ,
जज़्बात कहने चाहिएं...
एहसासों और लफ्ज़ों में,
ताल्लुकात रहने चाहिएं...

✡

दर्द की खामोशियाँ,
तन्हा थीं तन्हा ही रहीं...
तासीर ए ज़ख़्म वो अपनी,
कहानी तो बताने से रही...

ग़ज़ल

सजना, सँवरना, बेहतर दिखना नहीं आता,
दाम तो रखा है मगर, मुझे बिकना नहीं आता...

सुनहरे मुखौटे हर मोड़ पर बिखरे पड़े तमाम,
सादा सा ही हूँ मैं, औरों सा दिखना नहीं आता...

रब सोच बड़ी ज़हीन है , वो आब मुसलसल है,
बंदगी एक नूर की, हर मज़ार झुकना नहीं आता...

बंजारे सा दिल है, फितरत भी खानाबदोश,
मंज़िल रोज़ नयी है, कहीं रूकना नहीं आता...

मुट्ठी से फिसल जाऊँगा, वक़्त की मानिंद,
रेत सा बिखरा हूँ हाथों में सिमटना नहीं आता...

ज़हीन - समझदार, आब - नूर, मुसलसल - निरंतर, फितरत - स्वभाव, मानिंद - तरह

तिलस्मी वक़्त

किसी को उठाओ, किसी को गिराओ,
चढ़ाओ किसी को, किसी को उतारो,
ये जो वक़्त है ना, बड़ा तिलस्मी है यारो...

रहता है धौंस में अपनी, सुनता नहीं किसी की,
एक छड़ी से सबको हाँके, दबता नहीं कभी भी,
इशारों इशारों में समझा जाता, अपने कर्म सुधारो,
ये जो वक़्त है ना, बड़ा तिलस्मी है यारो...

सीधे उलटे पासे फेंके, जीवन की बिसात पर,
दिन में दिखलाए तारे, कभी जगाए रात भर,
रब को भुलवा के पहले, फिर कहे रब ही को पुकारो,
ये जो वक़्त है ना, बड़ा तिलस्मी है यारो...

ग़ज़ल

आज चंद बातें मैंने खुद से जो कही,
तजुरबा तन्हाई का इतना बुरा भी नहीं...

तआरुफ़ करता हूँ, हैरान होता हूँ,
ये शख़्स कौन है, मैं तो हरगिज़ भी नहीं...

कभी गर्द होता हूँ, कभी अर्श होता हूँ,
है सुकून, अफ़सुर्दा भी नहीं गुमां भी नहीं...

कोई गिला नहीं, कोई शिकवा भी नहीं,
के ख़ामोश गुफ़्तगू की कोई ज़ुबां भी नहीं...

शबे वक़्त साया भी साथ छोड़ जाता हैं,
फिर हमसफ़र भी नहीं कोई हमनवा भी नहीं...

तआरुफ़ - एक दूसरे को समझना, अफ़सुर्दा - उदास, गुमां - घमंड,
हमनवा - साथी

एक अरसा हुआ, अब वो बात नहीं करता,
यही मानना सही है, के वो याद नहीं करता,
बद-दुआएं भी उसकी, मुझे लगती नहीं हैं,
नफरत भी तो वो, शिद्दत के साथ नहीं करता...

ग़ज़ल

हमदर्दी एक अजनबी से हो गई मुझको,
कुछ देर कल आईने से गुफ़्तगू की मैंने...

मशगूल था खुद में वो तन्हा था मेरी तरह,
तो खुद ही से दोस्ती की जुस्तज़ू की मैंने...

पैरहन पर रुस्वाईयाँ रहीं पैबंद की तरह,
सुकूं के रेशमी धागे से ज़िंदगी रफ़ू की मैंने...

सब को सब कुछ तो मयस्सर नहीं होता,
जो मेरा हक़ था उसी हक़ की आरज़ू की मैंने...

मुकम्मिल होता तो आदम खुदा हो जाता,
यही सोच कर नाकामियां भी सुर्ख़रू की मैंने...

गुफ़्तगू- बातचीत, मशगूल - व्यस्त, जुस्तज़ू - इच्छा, पैरहन - लबादा,
मयस्सर - हासिल,
सुर्ख़रू - सम्मानित

भ्रम

सोचा था जो वैसा नहीं था,
मैं तो था मेरे जैसा नहीं था...

था सुकून, उम्मीदें भी थीं,
संगी थे और थे साथी कई..
रिश्ते नाते भी थे सही,
और सामने थी राहें नई..
मगर.. सोचा था जो वैसा नहीं था,
फ़ेहरिस्त में बस पैसा नहीं था...

जो जानता था वो मानता था,
अपनों को पहचानता था..
ठोकरों के लगने से पहले,
सब को अपना सा जानता था..
मगर.. सोचा था जो वैसा नहीं था,
जैसा भी था मैं ऐसा नहीं था..
मैं तो था मेरे जैसा नहीं था...

ग़ज़ल

आदम की आदमियत थोड़ी तो सुधारो,
बड़ी हसरतों से तकता हूँ आसमान में यारो...

बेवजह परेशान, मसरूफ़, गुमशुदा,
मूझ जैसे कई बशर हैं जहान में यारो...

जरूरतें, हसरतें, सोच और ख़्वाहिशें,
चंद चीज़ें बहुत भारी हैं सामान में यारो...

काविशें, कोशिशें, कशमकश, जद्दोजहद,
क्या क्या हुक्म हैं उनके फरमान में यारो...

नयी ठोकर, नया ज़ख्म, सबक मिला नया,
कुछ तो हुआ मेरा फ़ायदा नुकसान में यारो...

बशर - इंसान, काविशें - खोज, जद्दोजहद - दौड़धूप

ख़लिश काँटों की सोने नहीं देती,
के फूल बन कर मिला था कोई...

आसां नहीं जीना, मरने भी नहीं देते,
हैं नामाकूल बड़े, ये उम्मीदों के दायरे...

गुज़रेगी एक उम्र टूटे दिल को बहलाने में,
जाने कितना वक़्त लगेगा हमको यह समझाने में...

बिछड़ कर हो जाए फ़ना वो प्यार तो नहीं,
हाथों की लकीरों पर अपना इख़्तियार तो नहीं...

अपने हिस्से की ज़मीं तो मुझे मिल ही जाएगी,
आसमाँ है कि मुट्ठी में सिमटता ही नहीं है...

ग़ज़ल

शिकस्त वाबस्ता हुई, खुद को आज़माने में,
के उम्र गुज़ार दी सारी, हमने उन्हें भुलाने में...

अंजाम एक खेल का, ऐसा भी होता है कभी,
के वहशत होती है अब, रूठने और मनाने में...

क्योंकर तजुरबे मेरे, मेरे ही काम नहीं आते,
कितना फ़र्क होता है, समझने और समझाने में...

मंज़िलों की राह में, लाज़िम बहुत हैं ठोकरें,
के हासिले आसां की कद्र, होती नहीं ज़माने में...

ख़्वाहिशें, हसरतें, रुस्वाईयाँ और मुकाम,
काफ़ी कुछ देख लिया, हमने आने और जाने में...

अनाड़ी

कोई मतलब नहीं बतलाता,

मैं जो लिखता हूँ मुझे खुद समझ नही आता..

अवचेतन मन में,

विचार उमड़ आते हैं,

फिर अपनी ही उत्पत्ति पर हैरानी जतलाते हैं..

छिन्न भिन्न बिखरे पड़े हैं,

एहसास ज़हन में हज़ारों..

ढूँढो उन्हें, पकड़ो उन्हें.. फिर बैठ कर सँवारो..

हाँ.. यादों के संदूक बड़े काम आते हैं,

कभी शेर, कभी नज़्म, कभी ग़ज़ल बन जाते हैं..

कुल मिला कर मुआमला संजीदा है,

कभी उलझा, कभी भटका, कभी रंजीदा है..

ये जो इतनी देर से गा रहा हूँ

मुझे खुद समझ नहीं क्या पका रहा हूँ..

कोई मतलब नहीं बतलाता,

क्यों लिखता हूँ मैं,

जो मुझे खुद समझ नही आता...

सेह ग़ज़ला

किस कदर मासूम हैं हसरतों के काफिले,
तलाश कर रहे शराफत बेमुरव्वत ज़माने में...

सच कुछ भी नहीं इस खूबसूरत फ़साने में,
के ज़न्नतें हासिल हुई हैं हमको दिल लगाने में...

बादलों की तरह, जो गरजते थे कभी,
ज़ुबां लड़खड़ा गई, बस एक सच बताने में...

ख़ामोश रह जाते जो वो, मैं मान भी जाता,
कुछ भी तो दम नहीं था, बेकार से बहाने में...

शिकस्त - हार, वाबस्ता - जुड़ना, लाज़िम - ज़रूरी

कमी

अंधेरों में ही दिया बुझता है मेरा,
कमी कोई मुझ में तो नहीं..

राहे मंज़िल कारवां लुटता है मेरा,
कमी कोई मुझ में तो नहीं..

हर शख्स मिलकर छुटता है मेरा,
कमी कोई मुझ में तो नहीं..

अपनों के लिए सर झुकता है मेरा,
कमी कोई मुझ में तो नहीं..

हर बात पर दम जो घुटता है मेरा,
कमी कोई मुझ में तो नहीं...

ग़ज़ल

कशमकश है अजीब, मासूमियत है या अदा है,
बदल कर रास्ते अपने, वो पूछे हैं क्या हाल मेरा है..

उनकी यादें आदते शुमार है बरस दर बरस,
हर साल की तरहा ही गुज़रा यह साल मेरा है..

जो गुज़रा था कभी उस रूख़्सार को छूकर,
के खुशबू से सराबोर अब भी वो रूमाल मेरा है..

जीत तो गया था हिज्र इश्क़ की बाज़ी,
फिर किस इंतज़ार में अब तलक विसाल मेरा है..

बा-करामात होगा हासिल कभी तो वो मुझको,
खुश रहने का यह ख़्याल भी क्या कमाल मेरा है...

आदते शुमार - आदतों में शामिल, रूख़्सार - चेहरा, सराबोर - तरबतर

अब सोचता नहीं...

अज्ञान हूँ, तत्व जीवन के खोजता नहीं,
बस साँस लेता हूँ, अधिक सोचता नहीं...

क्या तेरा है, क्या है मेरा,
क्या सोचना इस बात का..
मर्यादित भोजन मिल जाए,
मुझको तो बस आज रात का..
जरूरत से अतिशय, कुछ परोसता नहीं,
बस साँस लेता हूँ, अधिक सोचता नहीं...

अगले पल को जी भर लूं,
बाकी व्यर्थ की मारामारी है..
कल के लिए अर्थ संचयन,
शायद सबसे बड़ी बीमारी है..
खाली खीसा जाने क्यों, कटोचता नहीं,
बस साँस लेता हूँ, अधिक सोचता नहीं...

मेरी साँसों को गिनता है जो,
रब है तो मुझ में भी होगा..
अपने कर्म का मिल जाएगा,
नर्क स्वर्ग को किसने भोगा..
अज्ञान हूँ, तत्व जीवन के खोजता नहीं,
बस साँस लेता हूँ, अधिक सोचता नहीं...

ग़ज़ल

दाग ही होते हैं, निशानी नहीं होती,
के हर ज़ख्म की कहानी नहीं होती...

बहुत हसीन जज़्बा है, संभालिए इसको,
चाहना किसी को, नादानी नहीं होती...

हिज्र हो गया है अब आदतों में शुमार,
तकलीफ़ तो होती है, परेशानी नहीं होती...

मयस्सर यूं भी नहीं, श्याम सब को,
हर कोई मीरा तो दिवानी नहीं होती...

गलतियां लाज़िम हैं इंसां के लिए,
जो सोच दिल से हो, सयानी नहीं होती..

हिज्र - जुदाई, शुमार - शामिल, मयस्सर - हासिल, लाज़िम - ज़रूरी

ज़िन्दगी

जो इसके रंग हैं हज़ार,
ज़िक्र दर्द का ही क्यों किया जाए..

नये मंज़र नामालूम कैसे होंगें,
पैरहन पुराने को ही सिया जाए..

तसल्ली, मुतमईन, सब्र,
हैं सब बड़े कमाल की शय...

गैर मुक़म्मल ज़िन्दगी को भी,
क्यों ना हंस कर जिया जाए...

ग़ज़ल

महकते हैं यादों में, जतलाते नहीं,
होते हैं कुछ फूल, जो कभी मुरझाते नहीं...

सुकून बटोर लेते हैं, बस चुप रह कर,
जो समझते तो हैं बातें, मगर समझाते नहीं...

तेरे ख़्याल भी हैं उन मेहमानों के जैसे,
पहले तो आते नहीं थे, और अब जाते नहीं...

दौर ए ग़र्दिश लिखे थे कुछ शेर कभी,
याद हैं सब ज़ुबानी, हम मगर सुनाते नहीं...

लगा के ठोकरें, दे जाते हैं सबक बेहतरीन,
उन पत्थरों से उम्दा गुरु कोई बन पाते नहीं...

दौर ए ग़र्दिश - बुरा वक़्त

वो आँखें

बहुत खूबसूरत हैं वो आँखें,
माँ ने दी थीं..
कई हैं सपने जिनमें,
चमक आने वाले कल की,
हज़ारों लाखों उम्मीदें..
थोड़ा सा डर भी है,
थमे हाथों की बेबसी,
उड़ान की हसरतें..
कुछ सुनने की,
कुछ अपना कहने की कोशिशें..
अपने अस्तित्व को बुहारती,
अपना वजूद खोजती,
अपनी खुद की खूबसूरती को सहेजती..
सब कुछ तो है पास,
अपना कुछ नहीं..
सब देखती सी,
हाँ.. वो खूबसूरत आँखें
अधूरी हैं अभी भी...

ग़ज़ल

कौन रखेगा याद हमको, कर गुज़रना क्या है,
ताउम्र ना रहे शरीफ़, अब हमें सुधरना क्या है..

रख संभाल कर ए ज़िन्दगी, अपनी तू इनायतें ,
तिरे एहसानों के कर्ज़े तले, बेवक़्त मरना क्या है..

ख़ौफ़ था कज़ा का और थी जीने की जुस्तजू,
शाम बस ढलने को है, अब हमें डरना क्या है..

जहां भर के हैं नज़ारे, इक बस हम ही नहीं हैं,
बे-रब्त उन आँखों में, बे-सबब उतरना क्या है...

हसरतें थीं आसमान की, हसरतें ही रह गईं,
लेकर ज़र्रे सा वज़ूद, अब हमें बिखरना क्या है...

नूर था रूख़्सार पर और था जवानी का गुमान,
धुंधला गया है आईना, अब हमें संवरना क्या है...

इनायतें - मेहरबानियां, कज़ा - मृत्यु, बे-रब्त - बिना रिश्ते के, बे-सबब - बिना वजह, ज़र्रे - कण

थाम कर हाथ किसी का दिल की बात कहनी चाहिए,
वो एक लम्हे की ज़िन्दगी हर लम्हे में बहनी चाहिए...

इश्क़ में रुतबा वो दिया के वो नबी हो गया,
हम ज़र्रा हो गए और वो अजनबी हो गया...

चलो हसरतों में अपनी कुछ ख़्वाबों को जोड़ते हैं,
चाँद का तकिया बनाकर चादर सितारों की ओढ़ते हैं...

मेरा अक्स है शायद क्यों बेइंतहा मौन है,
दिखता नहीं है मगर ये मेरे रूबरू कौन है...

एहसासों की अपनी मजबूरी है मगर,
प्यार समझने को इक इज़हार जरूरी है मगर...

ग़ज़ल

देखकर आईना, खुद से ही मिल लिया कीजिए,
कौन है मुतासिर, मुन्तज़िर किसको कहा कीजिए..

रहें खुद में मुकम्मिल, तवज्ज़ो की गरज़ हो क्यों,
अलमस्त मगन बस अपनी ही धुन में रहा कीजिए..

सुनने को है मसरूफ़, हर कोई सुनाने को बेकरार,
खुद से ही सुना कीजिए, खुद से ही कहा कीजिए..

ऊँचाइयों को ना तौलिये, कफ़स नहीं है आसमां,
परवाज़ से पहले मगर, खुद को रिहा कीजिए..

रिश्तों के पैरहन में होते हैं बहुत महीन से धागे,
ना खींचिए हर बात को, कुछ तंज सहा कीजिए...

मुतासिर - जो प्रभावित हुआ हो, मुंतज़िर - प्रतीक्षा करने वाला,

मुकम्मिल - संपूर्ण

तवज्जोह - ध्यान देना, मसरूफ़ - व्यस्त, कफ़स - पिंजरा, परवाज़ - उड़ान, पैरहन - लबादा,

तंज - ताने

मुद्दा

मसला यह नहीं के मुद्दा क्या है,
मुद्दा यह है के मसला हुआ कैसे...

किस्सा खूब था कहानी के जैसा,
उस कहानी का किस्सा भी खूब रहा...

बुरा हाल है के तबीयत नासाज़ है,
हाल यह के तबीयत कोई पूछता नहीं...

मेरी फिक्र में भी जिक्र तेरा रहता था कभी,
तेरे जिक्र की भी अब फिक्र नहीं मुझको...

मयस्सर होना तेरा इक मुद्दत के बाद,
एक मुद्दत हुई तू मयस्सर नहीं अब मुझको...

ग़ज़ल

हर टुकड़े में देखना, तब्दीलियाँ मेरी,
आईना हूँ पत्थरों से डरता नहीं हूँ मैं...

बन पड़े जो हो सके, रोक लो मुझको,
वक़्त हूँ हवाओं से रुकता नहीं हूँ मैं...

परछाइयों में भी मैं, नमूदार रहता हूँ,
आफ़ताब हूँ अब्र से छुपता नहीं हूँ मैं...

बेवजह ज़िद से हर रोज़ बिखरता हूँ,
टूट जाना है कुबूल, झुकता नहीं हूँ मैं...

एक एक कर के रुख़सत हुए सभी,
दिखावा दोस्ती में जो करता नहीं हूँ मैं...

तब्दीलियाँ - बदलाव, नमूदार - प्रकट, आफ़ताब - सूर्य, अब्र - बादल

अमीरो फ़कीर हरेक रग में पिघलती होगी,
सूफ़ी ओ शाह के संभाले संभलती होगी,
मानता हूँ कि कुछ दिल होंगे पत्थर के भी,
ये चाकरी इश्क़ की तो सबको मिलती होगी...

ग़ज़ल

तिलस्मी हुनर है, सिखाता कौन है,
कौन करता है इश्क़, निभाता कौन है...

हर शख़्स है अधूरा, मुकम्मल कौन है,
जानते तो सब हैं मगर, बताता कौन है...

खुद से हैं शिकायतें, मुतमइन कौन है,
नाराज़गी सभी को है, जताता कौन है...

सुबह जागकर, ख़्वाब सजाता कौन है,
ये सब्ज़बाग ज़न्नत के, दिखाता कौन है...

बन बैठा है कलंदर, ये वक़्त कौन है,
बिठाकर आसमानों पर, गिराता कौन है...

मुतमइन – संतुष्ट, कलंदर- मदारी, मस्त

ये शख़्स कौन है...

जवाब नहीं देता,
एक अरसे से मौन है..
ये जो शख़्स है सरे आईना, ये शख़्स कौन है...

साँस लेना ही तो बस,
मकसद जीने का नहीं..
हवाओं से भी है लड़ता, ये शख़्स कौन है...

गिरता है संभलता भी है,
झाड़ कर पैरहन अपना..
जो भूल जाता है हर बात, ये शख़्स कौन है...

मुट्ठी में तो आसमां है,
कुव्वत दो गज़ ज़मीं भी नहीं..
दिखने में तो मुझसा है मगर, ये शख़्स कौन है...

ग़ज़ल

हमराह होती है मगर हमसफ़र नहीं होती,
ज़िन्दगी हर किसी को क्यों मयस्सर नहीं होती...

एक कतरा प्यास का, ओक भर ज़िन्दगी,
दो वक़्त की रोटी में क्यों कर गुज़र नहीं होती...

हर शख़्स बाँटता है, है बिखरी पड़ी दुआएँ,
बेअसर रहती हैं क्यों, क्यों बा-असर नहीं होती...

रोज़ के हादसे वही, बे-मुरव्वत, बे-ग़ैरती,
अख़बार होती है मगर, क्यों कोई ख़बर नहीं होती...

गलतियां होती तो हैं, किसी को फ़र्क नहीं पड़ता,
नाशाद होती थी रूह कभी, क्यों अब मगर नहीं होती...

मयस्सर - हासिल, बे-मुरव्वत - बेरहम, बे-ग़ैरती - बेशर्म, नाशाद - नाखुश

कोशिश

प्रयास अधूरे,
अधूरी इच्छा..
निष्कर्ष अधूरे होते हैं...
सुना है मैंने,
कोशिश करने पर..
सपने भी पूरे होते हैं...

ग़ज़ल

चाहतों में तुम्हारी, और कितना बिखरते,
भूल गए खुद को ही, तुम्हें याद करते करते...

इस शहर के हर ज़र्रे से यूँ तो हैं हम वाकिफ़,
जाने खो गए कैसे, तुम्हारी बात करते करते...

आसमां को दिखाएंगे इक रोज चाँद अपना,
दिन किये फ़ना कितने, ये रात करते करते...

मस्तमौला था दिल, जिस पर था बड़ा गुमान,
उसको भी खो दिया, एहतियात करते करते...

तक़दीर थी बुलंद, कुछ रब भी था मेहरबान,
हमराह बन गए कब, मुलाकात करते करते...

नींद

लड़ती है सोच से,
करती है बहस चिंताओं से..
करवटों में कसमसाती है,
नींद अब पहले की तरह बेफिक्र नहीं आती है...

कल के जिक्र से डरा देते हैं,
अब तो सपने भी जगा देते हैं..
बेवजह की तनातनी रहती है,
थकन कहानी अलग ही कहती है..
जिम्मेदारियां भी बहुत सताती हैं,
नींद अब पहले की तरह बेफिक्र नहीं आती है...

चाँद की बुढ़िया अब कात नहीं पिरोती,
थकी हुई आँखें भी जल्दी नहीं सोतीं..
हर आहट पर उठकर बैठ जाता हूँ,
कह उम्र का तक़ाज़ा खुद को समझाता हूँ..
थपकियां माँ की बहुत याद आती हैं,
नींद अब पहले की तरह बेफिक्र नहीं आती है...

ग़ज़ल

आब ए चश्म में डूबता उतरता होगा,
हम जैसे मरे ना ऐसे कोई मरता होगा...

नज़र ना लग जाए हमारी नज़र को कहीं,
ज़िक्र मेरा वो मेरे जाने के बाद करता होगा...

इक ग़ज़ल कही थी झील सी आँखों पर मैंने,
मिला कर आईने से आँखें अब वो संवरता होगा...

बेपनाह हुस्न की रक़ाबत जब जलाती होगी,
उसे देखने को चाँद भी ज़मीं पर उतरता होगा...

सोचता हूँ क़ायनात ताब कैसे झेलती होगी,
उस रुख़सार से चिलमन जब सरकता होगा...

ख़ामोशी कायनात की बहुत शोर मचाती होगी,
टूट कर कोई ख़्वाब जब छन्न से बिखरता होगा...

आब ए चश्म - आँसू, रक़ाबत - कॉम्पिटिशन, क़ायनात - संसार,
रुख़सार - चेहरा, चिलमन - परदा

ज़िन्दगी के पैरहन,
हौसलों से सीते हैं...
आँखों में लेकर ख़्वाब,
हम ऐसे ही जीते हैं...

✡

हिज्र के सिलसिले थे,
वो तेरी चाहत के सिले थे...
जब इतने ही गिले थे,
तो फिर हमसे क्यों मिले थे...

ग़ज़ल

मेरी मानो तो, दिल को समझाओ,
जो भूल जाए तुम्हें, उसे तुम भी भूल जाओ...

वक़्त गायेगा, हर वक़्त गीत अपना ही,
सजाकर तराना अपना, तुम भी गुनगुनाओ...

रूठ कर सबसे, रह जाओगे तन्हा,
गर मनाये कोई, तो फिर मान भी जाओ...

फितरते ग़म है, चिढ़ाता है हर कदम,
ज़रा चिढ़ाने को उसे, बेवजह भी मुस्कुराओ...

हर राह कायम है अंधेरों का राज,
दिया बनकर ही सही, थोड़ा तो जगमगाओ...

फितरते ग़म - ग़म की आदत

अक्सर

सच नहीं ख़्वाब है तू
दिल को समझाता हूँ..
अक्सर अब मैं रातों में, उठकर बैठ जाता हूँ...
तू ख़्वाब है खोया हुआ,
और नींद कोसों दूर है..
हसरतों और हकीकतों के,
झगड़े निपटाता हूँ...
अक्सर अब मैं रातों में, उठकर बैठ जाता हूँ...
नींद आती थी कभी,
एक दौर वो भी था..
जागता रहता हूँ शब भर,
और तिरी यादें जगाता हूँ...
अक्सर अब मैं रातों में, उठकर बैठ जाता हूँ...
अलसाया तकिया कभी,
मेरा दोस्त जिगरी था..
चादर की सिलवटों को,
अब अपने किस्से सुनाता हूँ...
अक्सर अब मैं रातों में, उठकर बैठ जाता हूँ...

ग़ज़ल

मामूली हवाओं में भी, पत्तों से बिखर जाते हैं लोग,
नज़रों से ज़रा ओझल हुए, दिल से उतर जाते हैं लोग...

फख्र की क्या बात है, गुरूर है किस बात का,
पैरहन बदल कर देखिए, पल में बदल जाते हैं लोग...

दर्द सबका देखकर, बेवजह हलकान ना हो,
ख़ुद-मुख़्तार जहान में, गिरते हैं संभल जाते हैं लोग...

पूछ कर तो देखिए, है हर कोई चारागर यहाँ,
मशविरा जब देते हैं तो, कितना सुधर जाते हैं लोग...

याद रख चेहरे मगर, दिल में कोई मलाल ना रख,
बीच सफ़र में जाने कैसे, यक से बिछड़ जाते हैं लोग...

पैरहन - वस्त्र, हलकान - परेशान, ख़ुद-मुख़्तार - अपने मन की करने वाला, चारागर - चिकित्सक,

मलाल – अफ़सोस, यक से - अचानक से

इक अरसा हुआ हम उन्हें याद नहीं आए,
अच्छा ही हुआ के हम भूल गए उनको...

वो जीने की वजह दे गए हमको,
एक उम्र गुज़ार दी इंतज़ार में हमने...

हर लफ्ज़ में नुमाया है तेरी ख़ुशबू जिक्र तेरा,
बहुत संभाल कर रखा है वो एक ख़त मैंने...

गरजे हैं, बरसे हैं, मुझको कर दे हैं फ़ना,
ये बरसात है या अख़्लाक़ ए महबूब है मेरा...

नाम इश्क़ का वाज़िब बदनाम हो गया,
जिसका हुआ मुकम्मिल वो तमाम हो गया...

ग़ज़ल

दिल की हरकतों पर इख़्तियार क्यों नहीं,
बार बार हो जाता है, कहीं प्यार तो नहीं...

ख़ुशफ़हमियाँ भी, जीने की वजह होती हैं,
के उसको भी कहीं मेरा, इंतज़ार तो नहीं...

पढ़ो मुझे, समझो मुझे, दरकिनार कर दो,
रहने दो मुझे इंसान, के मैं अख़बार तो नहीं...

नज़रंदाज़ करे है मुझे मसरूफ़ियत तेरी,
चलता है कभी कभार, हर बार तो नहीं...

शब को असर होता है, सहर को लापता,
इश्क़ ही है ना जानां, कहीं ख़ुमार तो नहीं...

इख़्तियार - हक़, दरकिनार - अलग, मसरूफ़ियत - व्यस्तता, शब - रात, सहर - सुबह

बेकार की बातें

दो निवाले हैं खाने को, सोने को बेफिक्र रातें हैं,
ये दिल-विल, प्यार-व्यार, सब बेकार की बातें हैं...

चाहना खुद को, खुद ही को रिझाना,
अपने दिल की, अपने दिल को बताना,
जो है वो ठीक है, ना समझना ना समझाना,
खुद से खुद की, बड़ी दिलकश मुलाकातें हैं..
ये दिल-विल, प्यार-व्यार, सब बेकार की बातें हैं...

लफ़्ज़ और एहसास इश्क़ के मोहताज़ नहीं,
दौरे कशमकश जो कल था क्या आज नहीं,
हर ग़ज़ल के सर बेवफाई का ताज नहीं,
ज़िन्दगी में, ग़म की और भी सौगातें हैं..
ये दिल-विल, प्यार-व्यार, सब बेकार की बातें हैं...

ग़ज़ल

किस कदर तारी है तिरा तसव्वर हम पर,
लिखने बैठो जो खुदा तो सनम लिखते हैं...

तिरे ख़्यालों ने तुझ सा ही बना दिया हमको,
आईने में भी अब हम, कुछ अलग सा दिखते हैं..

अदब कहें, कहें लिहाज़ या इश्क़ समझ लीजे,
वो हंसते नहीं थकते हम मुस्कुराते झिझकते हैं...

वो चंद लम्हे जो तिरी ज़ुल्फ़ों में ठहरे थे कभी,
सुकूँ की तलाश में अब सहरा सहरा भटकते हैं...

जो इक नज़र देख ले वो दिवाना हुआ जाता है,
जिस शिद्दत से सितारे तिरी आँखों में चमकते हैं...

तारी- छाया हुआ, तसव्वर- सोच

तेरा ना होना दिल को जताता कैसे,
दामन उम्मीदों का हार जाता कैसे,
मेरी नज़रों में कायम है तसव्वुर तेरा,
अश्क़ आँखों से बहाता तो बहाता कैसे...

ग़ज़ल

क्या ज़रूरी है तिरे गालों को चूमने के लिए,
होके झुमका तेरे कानों पे इकबार लटकना होगा...

सोच भर लेने से तिरा दिदार हुआ जाता है,
तिरे शहर के हर कूचे में क्योंकर भटकना होगा...

अटक गया हूँ कहीं उनके पेच ओ ख़म में,
फिर से तुम्हें अपनी ज़ुल्फ़ों को झटकना होगा...

ज़मीं ओ आसमां का मिलन होता है कैसे,
एक लम्हे को बस मेरी बाहों में सिमटना होगा...

हद ए दीवानगी मेरी जो समझनी है तुम्हें,
जितना उलझा हूँ मैं तुमको भी उलझना होगा...

कूचा - गली, पेच ओ ख़म - टेड़ा मेड़ा, पेचीदा

लापता

भागते दौड़ते खो गई है,
ज़िन्दगी लापता हो गई है...

क्या तो समझें क्या तो सोचें इसको,
जिंदा रहने को जरूरी है, कि खोजें इसको,
ईलाही आपदा हो गई है..
ज़िन्दगी लापता हो गई है...

वक़्त था कभी रहती थी आस पास,
लम्हे इसके कम थे, मगर थे बहुत ही खास,
जिस्म से मानो रूह जुदा हो गई है..
ज़िन्दगी लापता हो गई है...

फिर से लौट आए वो काश,
मुठ्ठी में फिर हो ज़मीं, हो बाहों में आकाश,
रूठा हुआ खुदा हो गई है..
ज़िन्दगी लापता हो गई है...

ग़ज़ल

वक़्त बदलने को खुद को भी बदलना होगा,
फिर संभलना है तो फिर एक बार गिरना होगा...

कई हैं हसरतें बहुत कुछ सीखना है बाकी,
टूट कर जुड़ते हैं कैसे इक बार बिखरना होगा...

हालात से बड़ा उस्ताद नहीं है कोई शायद,
कामयाब होने का सबक सबको समझना होगा...

रोशनी हासिल हो यहाँ हर किसी के लिए,
बन के चिराग हर शख़्स को यहाँ चमकना होगा...

दर्द किसी और का जो समझना है तुम्हें,
उसी की आँख का बनकर आँसू बरसना होगा...

दोहे

मतलब की है दुनिया, मतलब का इनसान ।
वक्त के साथ बदलते, हमने देखे भगवान ॥

पत्थर, पुस्तक, मूरत को, हर कोई देता मान ।
अपने भीतर के रब को भी, ऐ बंदे पहचान ॥

अपने बस में कुछ नहीं, बात लीजिए जान ।
जगत तमाशा देखिए, बस बनकर मेहमान ॥

मैं को मैं ना समझिए, है हर पुस्तक का ज्ञान, ।
मिट्टी संग मिट्टी होना है, काहे का अभिमान ॥

संतुलन का व्यापार है, कहें ज्ञानी विद्वान ।
अपने करमों के फल से मत रहना अनजान ॥

ग़ज़ल

कर लेते ख़्वाब हम भी मुकम्मल,
कमबख़्त नींद ही हमें मयस्सर ना हुई...

रक़ाबत ज़मींदोज़ कर देती हमको,
दुआएं चाहनेवालों की बेअसर ना हुई...

इश्क़ के कूचे में बहुत नाम था मगर,
वक़्ते रुख़्सत कहीं कोई ख़बर ना हुई...

सुना था चाँद को आज आना तो था,
शब सो गई इंतज़ार में और सहर ना हुई...

शिद्दत ए ग़म बह जाती क़ायनात भी,
वो कतरे दो आँखों में रह गए बहर ना हुई...

मुकम्मल - पूरा, मयस्सर - हासिल, रक़ाबत - प्रतिद्वंद्विता, ज़मींदोज़ - जमीन पर गिरना,

कूचा - गली, वक़्ते रुख़्सत - जाने का समय, शब - रात, सहर - सुबह, कायनात - संसार,

शिद्दत ए ग़म - दर्द की हद, बहर - सागर

नज़र अंदाज़ी के अंदाज़ क्या मैं नहीं जानता..
होगी लुकाछिपी तुम्हारी, मैं खेल नहीं मानता..
सहूलियत अपनी हो तो मिजाज़ बदल जाते हैं,
बदलते मौसमों को भला कौन नहीं पहचानता...

ग़ज़ल

रक़ीबों को अपने कुछ यूँ जलाना चाहिए,
आँख जो हो नम तब भी मुस्कुराना चाहिए...

यूं तो रूठ जाने का है अपना ही सुरूर,
मनाए जो कोई, तो फिर मान जाना चाहिए...

कोई तो जहान में इनको समझेगा ज़रूर,
दिल की बातों को बेख़ौफ़ बतलाना चाहिए...

मुफ़्त के सबक़ की कोई कीमत नहीं होती,
जो माँग ले सलाह, उसी को समझाना चाहिए...

पराई होती हैं उम्मीदें, साथ छोड़ जाती हैं,
गाहे बगाहे खुद को भी आजमाना चाहिए...

रक़ीब - प्रतिद्वंद्वी, गाहे बेगाहे - कभी कभार

मैं और तुम..

अस्तित्व है मेरा,

इक तुम्हारा..

तुम हो एक अंतरिक्ष संपूर्ण,

मैं अपना ब्रह्मांड..

मैं अंतहीन समझ सा,

तुम तेज प्रचंड प्रकांड..

मैं हूँ विस्तृत शून्य,

तुम धरा का रूप..

विलय अनिवार्य अटूट,

जैसे हवा और धूप..

पूरक नहीं हैं,

पर हैं अपरिहार्य अक्षुण्ण...

मैं और तुम..

बस हैं मैं और तुम..

ग़ज़ल

रोज़ नया ख़ंजर, रोज़ नया कातिल,
हम क़त्ल भी हुए, बड़े इत्मीनान से...

दिल में है चोर, बुरे हम भी कम नहीं,
अपने से ही लगते हैं, लोग बेईमान से...

उम्र की ढलान का, है शायद यह असर,
मुश्किल लगे हैं लगने, काम आसान से...

ज़माना गया है बदल, या हम बदल गए,
रहने लगे हैं हम क्यों, इतने परेशान से...

कुफ्र ओ अज़ाब, अपनी इंतहा पे है,
देंखें उतरता है कौन, अब आसमान से...

कुफ्र - नास्तिकता, अज़ाब - पाप के बदले में मिलने वाला दुःख

अभी ज़िंदा हूँ मैं

छू लेना है आसमानों को,
तराशना है खोज को अपनी..
अनदेखे कल को है देखना,
सोचता हूँ कुछ रह ना जाए कहीं..
ख़्वाहिशें सब तो मुकम्मल नहीं होतीं
रह जाएं चंद तो रह जाएं सही..
पंख पसारने में जाता क्या है
रह गई जो दिल में बात अधूरी ही रही..

एक बार की है ज़िन्दगी.. कैसे कहूँ
जब तक हूँ जिंदा.. जिंदा तो रहूँ...

ग़ज़ल

आब ए चश्म में डूबता उतरता होगा,
हम जैसे मरे ना ऐसे कोई मरता होगा...

टूट कर जुड़ जाना आसां तो नहीं,
बड़ी बेदिली से दिल बिखरता होगा...

झेलता होगा ताब अक्स भी कैसे,
देखकर आईना जब वो संवरता होगा...

इक झलक माहताब को तरसता होगा,
आफ़ताब जब उफ़ुक़ पर उतरता होगा...

इक घड़ी रंज तो उसे भी होगा शायद,
वक़्त जब साँसों के पंख कतरता होगा...

गिरगिट भी मिसाल सब को देते होंगे,
फ़ितरतन रंग जब इंसान बदलता होगा...

आब ए चश्म - आँसू, ताब - चमक, माहताब - चाँद, आफ़ताब - सूरज,
उफ़ुक़ - क्षितिज,
फ़ितरतन - आदतन

खामोशियाँ

कह कह कर थक जाती हैं,
थक हार कर थम जाती हैं..

खामोशियाँ
जिद्दी होती हैं,
शब्दों की
नहीं सुनती...

पसर जाती हैं बस,
मधुमास को, वनवास को,
मनुहार को, संसार को,
नहीं गुनती...

ग़ज़ल

दो पग आलोकित हों, भले संपूर्ण राह नहीं,
दीपक सा बनना है मुझे, सूर्य की चाह नहीं...

प्रेम वो, असीम हो, अविरल अविच्छिन्न रहे,
अंक में बंधे नहीं, हो जिसकी कोई थाह नहीं...

रंक है राजन कोई, सब आदम की जात हैं,
भाग्य के सब खेल हैं, कैसे कहूँ परवाह नहीं...

क्या शिकायतें गिला और बस हैं चार दिन,
पटाक्षेप तो तय है, कब अंत हो आगाह नहीं...

कलम खिलखिलाती रहे,शब्द गुदगुदाते रहें,
सबकी मुस्कान बनूँ, बनूँ किसी की आह नहीं...

ख़ामोशियों के लफ़्ज़

जवाब एक अबूझ सा,
बस सवाल ही रहा..
आँखों से कह दिया,
जो कह कर भी नहीं कहा...

ख़ामोशियाँ तारी रहीं,
सितम हिज्र का जब सहा..
उस अश्क़ की कीमत रही,
बस जो पलकों से नहीं बहा...

दर्द की तासीर जैसे,
कुछ लफ्ज़ सफ़्हों पर बहे..
सुखन जो नश्तर हुआ,
गिला ख़लिश से भी नहीं रहा...

दौड़ थी वक़्त से,
साथ कारवां भी रहा..
मुख़्तलिफ़ थे किस्से सभी,
जो सहा हमने तुमने नहीं सहा...

ग़ज़ल

तेरी जुस्तजू, मेरी दिवानगी,
जितना मैं बिखरा, उतना संवर गया...

तेरा तसव्वुर, सुख़न मेरा,
बनके इबादत, सफ़्हों पर बिखर गया...

तेरी इक नज़र, मेरा हौसला,
रहा तलाशता, ना जाने वो किधर गया...

तेरे अश्क और मेरी तिश्नगी,
इक अमानत रहे, मैं जिधर गया...

तेरी बेरूखी, मेरी तब्दीलियां,
ज़र्रा था, बनके आफ़ताब निखर गया...

जुस्तजु - तलाश, तसव्वुर - ख़्याल, इबादत - पूजा, सफ़्हे - पन्ने, तिश्नगी - प्यास, ज़र्रा - कण,

आफ़ताब - सूरज

कुछ गुफ़्तगू करो के थोड़ा सुकूँ चाहिए,
के ये दिल कमबख़्त बहुत शोर मचाता है...

रीती रहती हैं आंखें तो कभी नम भी,
ज़िन्दगी घाव भी देती है तो मरहम भी...

जो बेरंग हुए जज़्बात, रंगीनियत भी थम गई,
फिर लफ़्ज़ों के आईने पर, धूल वक़्त की जम गई...

इक तू, इक इंतज़ार ए आमद,
मेरी शामें ठहर गई, कहीं शायद...

मसरूफ़ियत तारी रही बदलते हर रूप में..
के छाँव सुनहरी खो गई सपनों की धूप में...

ग़ज़ल

रोज़ नया ख़ंजर, रोज़ नया क़ातिल,
हम क़त्ल भी हुए, बड़े इत्मीनान से...

बाँटते हैं खबरें, अखबार हो गये हैं,
ख़ौफ़ होने लगा है, अपनी पहचान से...

उम्र का हौसले से कोई राब्ता है शायद,
रास्ते दुश्वार भी, लगने लगे हैं आसान से...

कभी तो रहमतों की, बरसात होगी,
आसमाँ को निहारते हैं, बड़े अरमान से...

दुआएं तो हैं बस, सब वालिदैन की,
कोई आया ना गया, कभी आसमान से...

राह चलते कभी, बेवजह मुस्कुराइये,
अपने लगेंगे लगने, लोग अनजान से...

राब्ता - रिश्ता, वालिदैन - मातापिता

खेल

दौड़ दोनों ही रहे,
बुझती नहीं इनकी यह प्यास..
ना ज़िन्दगी को मिलती है मौत,
मौत को ना ज़िन्दगी रास...
कभी ज़िन्दगी जाती है जीत,
मौत जीते है कभी..
बाट अपनी जोहते,
बैठे हैं चश्मदीद सभी...
बाज़ियों पर बाज़ियां,
रुकता नहीं यह खेल है..
बस खिलाड़ी हैं बदलते,
इनका आपसी घालमेल है...
ज़िन्दगी एक खोज है,
मौत क्या है शोध है..
वक़्त बहुत ही कम मिला,
किंचित मात्र यही क्रोध है...
सिलसिला अनवरत है यह,
बस दिल पर ना लीजिए..
आज नहीं तो हम भी कल होंगे,
बस इंतज़ार कीजिए...

ग़ज़ल

नेकी और बदी के दरम्यान फिर रहा हूँ मैं,
कहने को बड़ा काम है, बेकार फिर रहा हूँ मैं...

यह कौन से उसूलों पर, टिकी है नींव मेरी,
कहते हैं सब हाकिम, गुनाहगार फिर रहा हूँ मैं...

ताबीर और तस्वीर में बड़ा फ़र्क है यारो,
दिखता तो खुश हूँ मगर, बेज़ार फिर रहा हूँ मैं...

हर शख़्स की जद्दोजहद का नुमांइदा हूँ मैं,
चेहरा मिरा देखो, मानिंद अख़बार फिर रहा हूँ मैं...

खुल कर दीजिएगा, मेरे हौसले की दाद,
बहुत इख़्तियार से, बे-इख़्तियार फिर रहा हूँ मैं...

हाकिम - प्रधान, ताबीर - स्वप्न का वर्णन, बेज़ार - अप्रसन्न, जद्दोजहद - संघर्ष,

मानिंद - तरह, इख़्तियार - सामर्थ्य,शक्ति

अजीब वस्ल है..
ना मुकर्रर कहते हैं, ना मरहबा कहते हैं..
कहने को..
हम लिखते रहते हैं, वो पढ़ते रहते हैं...

ग़ज़ल

नींद गई, ख़्वाब गए, और मिरा जिगर गया,
शब से इक बार जो बातों में तिरा जिकर गया...

कशमकश, जद्दोजहद, परेशानियां ज़माने की,
इक तसव्वुर वो तिरा, लेकर मेरी फिकर गया...

चैन गया पहले और फिर ख़्वाब ओ बहर गया,
संभालते ही रह गए, ना जाने दिल किधर गया...

किस बात का अफ़सोस है, कैसी है नाराज़गी,
खिलौना था एक काँच का, टूटा और बिखर गया...

महकती फिर रही है, उस शख़्स की मिसाल भी,
रहा खुश्बुओं से राब्ता वो बनके गुल जिधर गया...

तुम..

जो तुम नहीं तो तुम्हारी याद ही सही,
तन्हाईयों में दीदार की प्यास ही सही,
माना कि हक़ीकतन तुम दूर हो बहुत,
चाहत को मेरी तुम इक आस ही सही...

दूरियाँ अब यह चंद लम्हों की बात है,
वक़्त का बदलना वक़्त की बिसात है,
क्या हुआ जो आज तुम साथ नहीं हो,
वस्ल की कौन सी आखिरी यह रात है...

अच्छा ही है के हमसे तुम दूर हो गए,
ग़म ए जुदाई को हम मजबूर हो गए,
तुम्हारा हमारा यह रिश्ता है बेमिसाल,
लिखा तुम्हें वहाँ, हम यहाँ मशहूर हो गए..

ग़ज़ल

अपने हिस्से की ज़मीं माकूल है हमको,
आसमाँ है कि मुट्ठी में सिमटता ही नहीं है...

दौरे रोमानियत लगता है मानो गुज़र गया,
दामन कोई किसी बटन से अटकता ही नहीं है...

बैठे हैं इंतज़ार में एक अरसा हो गया,
वक़्त है कमबख़्त के पलटता ही नहीं है...

मौसम ए बरसात में अब वो लुत्फ़ कहाँ है,
भीगी ज़ुल्फ़ों को अब कोई झटकता ही नहीं है...

अपने घर को तलाशता थक गया शायद,
खोया हुआ वो शख़्स कहीं भटकता ही नहीं है...

दौरे रोमानियत - आशिक़ी का वक़्त

कीमत खामोशियों की समझ आती है,
जब कभी मैं अपने ही साथ होता हूँ,
खामोशियों को बीनता हूँ शोर में मैं,
और कागज़ों पर महफ़िलें पिरोता हूँ...

ग़ज़ल

दर्द की खामोशियाँ तन्हा थीं तन्हा ही रहीं,
तासीर ए ज़ख़्म वो अपनी कहानी तो बताने से रही...

हर शख़्स परेशां है यहाँ अपने ही ग़म से,
जहां भर की परेशानियां हक़ अपना जताने से रही...

गुजरता हर लम्हा मीलों तक मानो चला,
अब इस उम्र में, उम्र अब और उम्र तो घटाने से रही...

भूल भी जाऊँ सब तो भूलकर भी क्या होगा,
भटकती दरबदर यादें तो अब हमको सताने से रही...

बहुत थक कर सो चुका है ज़मीर अब मेरा,
नसीहतें बेमुरव्वत ज़माने की अब इसको जगाने से रही...

तासीर ए ज़ख़्म - ज़ख़्म का असर, बेमुरव्वत - बेरहम

मिज़ाज़ ए इश्क़

ये चिराग बेनज़ीर हैं, हैं सितारे शीरी ज़ुबां,
शगुफ़्ता माहताब है, नज़ारे भी जवां जवां,
महक रहे गुंचे हसीन, दिल बे-मोल है बिके,
मिजाज़े इश्क़ है शायद, हर शय में तू दिखे...

बदलियाँ मानिंद ज़ुल्फ़ें, संग हवा के खेलती,
तितलियों सी खुशबुएँ, रुख़्सार उसका छेड़ती,
आसमां है शादमानी, मिट्टी भी सौंधी सी लगे,
मिजाज़े इश्क़ है शायद, हर शय में तू दिखे...

धड़कने गुस्ताख़ हैं, खामोशियाँ भी साथ हैं,
झुकती उठती पलकों से, हर बियाबां आबाद है,
आहट से उस बेनज़ीर की, आफ़ताब भी जगे,
मिजाज़े इश्क़ है शायद, हर शय में तू दिखे...

शगुफ़्ता - खिला हुआ, शादमानी - खुश

ग़ज़ल

सारे किरदार, सारे किस्से तमाम हो जाएं,
असली चेहरे आदम के जो सरेआम हो जाएं...

कब पलट जाए बिसात ए ज़िन्दगी का तख़्ता,
हमारे नाम के विरसे, कब तुम्हारे नाम हो जाएं...

या तो रूक जाए वक़्त या फिर मिले ही नहीं,
चंद लम्हों का हमको भी आराम हो जाए...

भूलता भी नहीं याद भी नहीं आता वो चेहरा,
होश खोने से पहले बस एक और जाम हो जाए...

गैर मुतमईन हैं हसरतें, मुकम्मल नहीं होतीं,
वक़्ते रूख़्सत बस एक आखिरी सलाम हो जाए...

बिसात ए ज़िन्दगी - ज़िन्दगी का खेल, मुतमईन - संतुष्ट

इक रब्त जो सर पे सवार है,

है फरियाद, वो भी ख़्वार है..

अल्फाज़ पिरो दूं आसमान में,

वो कहे तो सही मुझसे प्यार है...

ग़ज़ल

अपने दायरे की, हर हद को जानता हूँ,
के फ़लक से ही मैं, फ़लक को माँगता हूँ...

आसान है बहुत, चाँद को तोड़ लाना,
बाम पर अपनी उसे, हर रात बाँधता हूँ...

मुश्किल तो नहीं है, परों को पसारना,
हदें बना कर नयीं, फिर उन्हें लाँघता हूँ...

किसी और से नहीं, खुद से मुकाबला है,
तौलकर खुद को, अपनी कुव्वत आँकता हूँ...

सच का सौदागर हूँ, कुफ्र नहीं तौलता,
बेखौफ़ रहता हूँ, जब आईने में झाँकता हूँ...

फ़लक - आकाश, बाम - छत, कुव्वत - ताकत, कुफ्र - नास्तिकता

चल के कुछ और रोशनी बिखेरी जाए,
के इक और नयी सुबह मिली है मुझको...

हर टुकड़े में देखना तब्दीलियाँ मेरी,
आईना हूँ पत्थरों से डरता नहीं हूँ मैं...

वक़्त एक सा नहीं रहता तब्दीलियों की रीत होती है,
शब फ़तह अंधेरों की सहर उजालों की जीत होती है...

आवारगी में तलाशते हैं सुकून,
बड़े बदमिजाज़ हैं मिजाज़ मेरे...

चलते हैं हम मिलाकर वक़्त से कदम,
के बाँध लिया है उसको कलाई से हमने...

ग़ज़ल

तेरा होना ना होना, एक अलग सवाल है,
ख़्यालों की दुनिया में जीना, अच्छा ख़्याल है...

शफ़क़ का बिखरा हुआ, हर रंग है गवाह,
ज़मीं ओ आसमान का क्या दिलकश विसाल है...

एक बार का जीना है एक बार का मर जाना,
ये जन्मों जन्मों के वायदों में कितना जंजाल है...

मंदिर, मस्जिद, गिरजे सब पहचान बताते हैं,
आदम का मजहब हो जाना बेमकसद बवाल है...

हर शब है बिखरा माहताब का जमाल,
जो कल भी कमाल था वो अब भी कमाल है...

शफ़क़ - क्षितिज की लाली, विसाल - मिलान

चलो कुछ लम्हे चुराते हैं...

ख़्वाब अधूरे सजाते हैं,
चलो कुछ लम्हे चुराते हैं...

बेख़्याली में नाम पुकारना, बिखरी ज़ुल्फ़ों को संवारना,
एक मरतबा फिर, कुछ सोच कर मुस्कुराते हैं..
चलो कुछ लम्हे चुराते हैं...

जो बीता, वो बीता कहाँ, बन के निशानी दिल में रहा,
पुरानी किताबों से, समय की धूल हटाते हैं..
चलो कुछ लम्हे चुराते हैं...

पहले सी वो बात नहीं, कुछ भी तो अब हाथ नहीं,
थामकर हाथ यादों का, नयी एक राह बनाते हैं..
चलो कुछ लम्हे चुराते हैं...

ग़ज़ल

क्यों ना मान लूं अपना, मैं खुदा उसको,
हो जाए जो वो बेवफ़ा, तो देखा जाएगा...

ज़मीं की रहनुमाई कुबूल है हमको,
ना मिला आसमां कभी, तो देखा जाएगा...

परस्तिश इश्क़ की दो जहां में की हमने,
जो खुदा पूछ लेगा सवाल, तो देखा जाएगा...

फिर से कर ली हमने मयकशी से तौबा,
ईमान जब होगा बेईमान, तो देखा जाएगा...

रंजिशों के बीच है मोहब्बतों का कारोबार,
सर जो होगा जुदा धड़ से, तो देखा जाएगा...

रहनुमाई- राह दिखाना, परस्तिश - पूजा, रंजिश - दुश्मनी

तिरी आरज़ू में,

पैरहन दर्द के सी रहे हैं...

कतरा कतरा बिखर रहे हैं,

लम्हा लम्हा जी रहे हैं...

ग़ज़ल

कहीं निशानी इश्क़ की, कहीं दाग हो गया,
कोई तो आफ़ताब हुआ, कोई चराग़ हो गया...

इश्क़ रूहानी का अलग हिसाब हो गया,
वस्ल हुआ कई गुणा, हिज्र भाग हो गया...

इशारों की ज़ुबां से दिल शादाब हो गया,
उनका नज़रें झुका देना भी आदाब हो गया...

इक अजब सी बात पर वो नाशाद हो गया,
तेरी ज़ुल्फ़ों के साये से क्यों आज़ाद हो गया...

लैला, हीर, शीरी के नाम से ही शाद हो गया,
कोई मजनूं, कोई रांझा, कोई फरहाद हो गया..

आफ़ताब- सूरज, हिज्र- जुदाई, शादाब- प्रफुल्ल, नाशाद- नाखुश,
शाद- खुश

इक तसव्वुर को आँखों की नमी जरूरी है बहुत,
कभी तो अश्क पलकों पर तुमने भी सजाये होंगे...

चंद बातें जो मैंने खुद से कहीं,
तजुर्बा तन्हाई का इतना बुरा भी नहीं...

मिलता नहीं सुकून अब कहीं से भी हमको,
कभी तुम कभी यादें तुम्हारी हमें जीने नहीं देतीं...

अपने दायरे की हदों को जानता हूँ,
मैं फ़लक से, फ़लक को माँगता हूँ...

लफ़्ज़ों का हो दरिया जो बेख़ौफ़ बहे,
वो मोहब्बत ही क्या जो ख़ामोश रहे...

ग़ज़ल

दरिया ए वक़्त में, ना जाने कहाँ खो गया,
वो चाँद जो हथेलियों में था, आसमान हो गया...

हक़ था हमारा, कोई ख़ैरात तो नहीं थी,
इज़हार किया हमने, क्यों उनको गुमान हो गया...

सब पहचानते तो हैं, कोई जानता नहीं,
है ताज्जुब, वो अपने ही घर में मेहमान हो गया...

सुर्ख़रू कर जाती हैं, इश्क़ की तब्दीलियां,
आदमी वो पहले भी था, अब इन्सान हो गया...

क्या बताएं हाले नूर, उस गुले रूख़्सार का,
हम संभलते रह गए, वो सारा जहान हो गया...

ख़ैरात - दान, सुर्ख़रू - सम्मानित, तब्दीलियां - बदलाव, गुल ए रुख़्सार - फूल जैसे गालों वाली

इक दूजे की हैं राजदार,
मैं और मेरी खामोशियाँ...
दिल की ज़िद रखने को,
दीवारों से कर लेता हूँ सरगोशियां...

ग़ज़ल

इक कायम अपनी जगह, इक पर कायम ज़माना है,
इंतज़ार और उम्मीद का, यह रिश्ता बड़ा पुराना है...

लफ्ज़ कभी नहीं जुड़ते, कभी क़ाफ़िया नहीं मिलता,
नामुकम्मल सी है ज़िन्दगी, अधूरा सा अफ़साना है...

सब अपने ही हैं इम्तिहान, सर अंजाम भी हमीं से है,
आज़मा चुके हैं दुनिया को, बस खुद को आज़माना है...

रस्मों रिवाज कानून कायदे, यहाँ वहाँ सब बिखरे हैं,
समझा चुके बेगानों को, बस अपनों को समझाना है...

शर्म हया उन नज़रों की, लफ्ज़ों को ही कहने दो,
बात तकल्लुफ़ की नहीं, अंदाज़ ज़रा शायराना है...

बस चंद लम्हों की मोहताज़ है ज़िन्दगी,
कभी वस्ल तो कभी इंतज़ार है ज़िन्दगी,
टूटकर बिखरना और फिर से जुड़ जाना,
बस इन्ही तब्दीलियों का नाम है ज़िन्दगी...

एक और परवाज़ की चाहत है कहीं,
क्षितिज पर रौशनी की आहट है कहीं,
जद्दोज़हद तो है यूं ज़िन्दगी में बहुत,
दरमियां इसके मगर मुस्कराहट है कहीं...

ग़ज़ल

मयकशी की सज़ा, मैं जानता तो हूँ मगर,
उन आँखों से पी लेता हूँ, इनकार नहीं करता...

वो हासिल तो हो जाएगा, है मुझको यह ख़बर,
मसअला पहल का है, कोई इज़हार नहीं करता...

इक टुकड़ा नूर का, हो हमको भी मयस्सर,
इल्तिजा करता हूँ, मगर इख़्तियार नहीं करता...

लकीरों में जो होगा, वो एक दिन लौट आएगा,
उम्मीदें तो कायम हैं, मगर इंतज़ार नहीं करता...

कुछ धड़कनें अपनी, यादों को सौंप आया हूँ,
अब दिल पर भी मैं अपने, एतबार नहीं करता...

अश्कों के फाहे से, मलहम वक़्त की लगाता हूँ,
ज़ख़्मों की नुमाइश अब, सरे बाज़ार नहीं करता...

मयस्सर- हासिल, इल्तिज़ा- निवेदन, इख़्तियार- हक़

पत्थर की है दुनिया ज़ालिम ये ज़माना है,
पैरहन मुफ़लिस का उम्मीदों से पिरोना है...

आहिस्ता बोलिए दीवारों के भी कान होते हैं,
क्या पता कौन सी खामोशियाँ ज़ुबान हो जाएं...

परस्तिश से मेरी वो खुदा हो गए
रफ़्ता रफ़्ता देखिए वो जुदा हो गए...

एक जिस्म एक वज़ूद, राब्ता मेहमान,
मुखौटे ही अब बन हैं गए मेरी पहचान...

दास्तानें अपनी सभी ख़ामोशियों में कह गया,
इश्क़ मुकम्मल तब हुआ जब अधूरा रह गया...

ग़ज़ल

ख़ैरियत पूछना खुद की भी, बवाल हो गया,
किस कदर मुश्किल बड़ा, यह सवाल हो गया...

ना हवा है साँस लेने को, ना ही आब ए चश्म,
इस दौर में भी खुश रहते हो, कमाल हो गया...

नज़रअंदाज़ी के भी, चर्चे थे कल जिसके,
ख़ैरियत पूछने में भी देखो, वो निहाल हो गया...

छपने लगी अखबारों में, इंसानियत कुछ यूं,
भूखे को देना रोटी भी, एक मिसाल हो गया...

दहशत ही से सही, सर सजदे में झुक गया,
दरजा रब का देखिए, फिर से बहाल हो गया...

वक़्त लग गया दिल को बहलाने में,
आँखें भर आईं खुद को समझाने में,
याद बहुत आया वो जो गुज़रा था कभी,
एक पुराना ख़त जो खोला हमने अनजाने में...

ग़ज़ल

अपनी मसरूफ़ियत में डूब जाना होगा,
भूल जाने का तुम्हें माकूल यह बहाना होगा...

चाँद को छूने की हसरत भी जायज़ होगी,
तिरी बिखरी ज़ुल्फ़ों को इक बार सजाना होगा...

क्यों नहीं हौसलों को आजमाया जाए,
मुट्ठी में आसमां और कदमों तले ज़माना होगा...

बेरूख़ी उनकी और बयान ए दिल मेरा,
इस बात का जरूर कोई वाज़िब बहाना होगा...

बिना इश्क़ ये दिल धड़कता भी है या नहीं,
यह बात जानने को इक दिन तो मर जाना होगा...

मसरूफ़ियत - व्यस्तता, माकूल - उचित

आईने को अक्सर रहती हैं शिकायतें मुझसे,
इतना माहिर हो गया हूँ अब, गम छुपाने में मैं...

किसके मुन्तज़िर रहिये, किसकी तलब है,
सभी हैं मुझसे, बस सब की सलीब अलग है...

बेवफाई की रिवायतें नहीं मानता,
मैं आशिक हूँ मगर इश्क़ नहीं जानता...

हर हर्फ़, हर सफ़्हे को जो करें कामिल तेरी बातें,
रखीं हैं बहुत संभाल के वो किताब सी तेरी यादें...

तिरे चेहरे की शिकन, है कौन मुझे बताने वाला,
चश्मा मैं लगाऊंगा नहीं, तू पास नहीं आने वाला..

ग़ज़ल

भूला कोई ख़्याल, अरसे बाद आ गया,
जो जिक्र हुस्न का आया, वो याद आ गया...

अब भी सरे चश्म है, रुख़्सार यार का,
कोई शरमा के मुस्कुराया, वो याद आ गया...

उड़ती थी ज़ुल्फ़ जो, लबों को चूमती,
हवाओं ने रुख़ दिखाया, वो याद आ गया...

काफ़िर तो नहीं था, मैं कभी भी यारो,
सर सजदे में जो झुकाया, वो याद आ गया...

मिट्टी की महक थी इकरार ए इश्क़ में,
अब्र पहली दफ़ा जो बरसा, वो याद आ गया...

सरे चश्म - आँखों के सामने, काफ़िर - नास्तिक

ज़िक्र तेरा, ख़्याल तेरा,
शिद्दत तेरी ज़रूरी है...
बिना तेरे तसव्वुर के,
मेरी हर नज़्म अधूरी है...

जवाब एक अबूझ सा,
बस सवाल ही रहा...
आँखों से कह दिया,
जो कह कर भी नहीं कहा..

ग़ज़ल

तेरा ना होना, सब खोना तो नहीं था,
हम मुकम्मल तो हुए, मगर कमी के साथ...

तू नहीं मयस्सर, तिरा तसव्वुर ही सही
मुस्कुराती तो हैं आँखें, मगर नमी के साथ...

तरबियत शिकायतों की ना थी हमारी कभी,
हम रूठे रहे बरसों तलक, मगर हमीं के साथ...

आसां था मुस्कुरा कर ज़िन्दगी निभा लेना,
शिद्दत से निभाया साथ, मगर ग़मी के साथ...

आसमां छूने को उम्र गुज़ार दी हमने,
राब्ता पुख़्ता रहा, मगर ज़मीं के साथ...

मयस्सर - हासिल, तसव्वुर - सोच, तरबियत - आदत, राब्ता - रिश्ता, पुख़्ता - मजबूत

तुम चाहो तो...
अपनी मरमरी बाँहों से छूकर मुझे निकल जाना,
तुम चाहो तो...
मेरे साँसों की गर्मी में पल भर को पिघल जाना,
तुम चाहो तो...
मेरे काँधे पर रख कर सर रूह में मेरी बिखर जाएं,
तुम चाहो तो...

ग़ज़ल

रिवायतों, छंदों, अलंकारों में सिमटना नहीं आता,
जितनी कर लूं कोशिश, मुझे ऐसे लिखना नहीं आता...

बस बेतरतीब से बिखरे हैं कुछ लफ्ज़ जानिब मेरे,
ओढ़कर पैरहन सुख़नवर का मुझे दिखना नहीं आता...

कलम जैसा ही हूँ अपनी, अलग तौफ़ीक़ रखता हूँ
बिक सकता हूँ बेमोल, कोड़ियों में बिकना नहीं आता...

बदलना हर बात को, हर बात पर बदल जाना,
बदल सकता हूँ जहान लेकिन, बस इतना नहीं आता...

वक़्त के साथ बदल जाती है इंसान की फितरत,
अब भी आता है गुस्सा, मगर पहले जितना नहीं आता...

जानिब - तरफ, पैरहन - लबादा, सुख़नवर - शायर, तौफ़ीक़ - सामर्थ्य,
फितरत - आदत

यूं तो ख्वाबों की कोई भी आज़माईश नहीं,
मैं कैसे ये कह दूँ के अब कोई ख्वाहिश नहीं,
इक दफ़ा तो लगा मुकम्मल जी लिया हूँ मैं,
फिर तेरी तस्वीर ने जतला दी इक फ़रमाईश नयी...

ग़ज़ल

बेसबब निकल पड़ते हैं, करते हैं मनमर्ज़ियां,
थोड़ा अश्कों से है गिला बाकी सब शादमानी है...

भूल गया हूँ उसको, अब याद नहीं करता,
दिलफ़रेब कितनी ये मेरी ग़लतबयानी है...

जुड़े हैं ज़मीन से, ज़मीन पर रखते नहीं कदम,
रुतबा जनाब का देखिए किस कदर आसमानी है...

कितनी नज़ाकत हैं, उस नज़रअंदाज़गी में भी,
उनकी बेरुख़ी में भी देखिए कितनी मेहरबानी है...

सुकून एक दिन का हो, ख़्वाहिश है ये बड़ी,
हमने सुना है के चार दिन की महज़ ज़िंदगानी है...

शादमानी- ख़ुशी

फुरसत के पलों में, कुछ गुनगुना दूँ तो अच्छा..
कभी सोच कर तुम को, मुस्कुरा दूँ तो अच्छा..
ज़िन्दगी ही तो है, हो जाएगी एक दिन तमाम ..
कुछ हसरतें हैं बाकी, मुकम्मल कर चलूँ तो अच्छा...

ग़ज़ल

वज़ूद अपने पर एहसान कर गए होते,
जीने को हैं ज़िंदा, बेहतर है मर गए होते...

लोग बिखर जाते हैं टूट जाने के बाद,
हम टूटते तो सही, शायद संवर गए होते...

अफसोस ज़िन्दगी को समझ नहीं पाए,
गर समझ गये होते, तो भी किधर गए होते...

गुलों से रखते दोस्ती, लबों पर एहतराम,
खुशबू छोड़ आते अपनी, जिधर गए होते...

यूं ना हुए हम गलतफहमियों के शिकार,
आईना ही बता देता जो हम निखर गए होते...

एहतराम - सम्मान

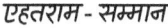

बस दौड़ते जा रहे हैं के कितने अगाड़ी हैं हम..
बिसात मदारी की सजी है बस खिलाड़ी हैं हम..
एक भी दाव तो अपनी मरज़ी से चल नहीं पाते,
देखकर भी समझते नहीं कितने अनाड़ी हैं हम...

ग़ज़ल

मंज़िलों पर भारी रहना चाहिए,
जैसा भी हो सफ़र जारी रहना चाहिए...

भूल जाते हैं लोग बहुत जल्दी,
हिसाब थोड़ा सा उधारी रहना चाहिए...

डोर विश्वास की महीन है बहुत,
सच को ज़रा झूठ से भारी रहना चाहिए...

कामिल होते ही खुदा हो जाएगा,
आदम को थोड़ा सा अनाड़ी रहना चाहिए...

हाथ बढ़ाओ तो थाम ले कोई,
आखिर इतना तो एतबारी रहना चाहिए...

कामिल - पूरा

मैं चल पडूंगा, जब सब विराम होगा,
इक सफ़र नया होगा, नया इक मुकाम होगा,
बादलों के दरमियान, मंज़िल नयी मिलेगी,
सफ़र ज़िन्दगी का मेरी, जिस दिन तमाम होगा...

ग़ज़ल

शिकायतें हिज्र से, बावजह ना रही हम को,
कोई लफ़्ज़ो एहसास बनकर जो रह गया हम में...

पाकीज़गी इश्क़ में, इबादत का सुकूँ देती है,
फ़र्क बहुत रहता नहीं, इलाही में और सनम में...

ना गिले ना शिकवे, गुज़ार दी ज़िन्दगी ऐसे,
मिल गया ज़्यादा कभी, रहे खुश कभी कम में...

हम सा ना हुआ, ना होगा कोई क़ायनात में,
कसम से खुश बहुत रहे, ताउम्र इसी भरम में...

इक उम्र गुज़ार दी, धूप छाँव के खेल में,
फिर तलाशेंगे खुदा, तुम्हें किसी और जनम में...

हिज्र - जुदाई, पाकीज़गी - सफाई, इबादत - पूजा, क़ायनात - संसार

वक़्त के पंखों को काटते कतरते,
बस बहे जा रहे हैं डूबते उतरते,
ज़िन्दगी है जो गुजरती जा रही है,
ये दिन कमबख़्त क्यों नहीं गुजरते...

ग़ज़ल

किस दौर में रहता हूँ, क्या जाने कहाँ हूँ,
सांस भी आता नहीं, और जी भी रहा हूँ...

सूखा हुआ हलक मिरा कशमकश में है,
के प्यास भी कायम है, और पी भी रहा हूँ...

दो पल को नहीं छोड़ते मेरे लफ्ज़ मेरा साथ,
के हमनवां हूँ मैं उनका, हमनशीं भी रहा हूँ...

कहने और करने में मिरे फ़र्क है बड़ा,
कहने को हूँ फ़कीर, चोला सी भी रहा हूँ...

मुझ सा कोई मलंग, क्या और है कोई,
हाकिम हूँ आसमानों का, ज़मीं भी रहा हूँ...

हलक - गला, हमनवां - दोस्त, हमनशीं - साथी, हाकिम - शासक

हर बशर
जो मिल गया संभालता नहीं,
जो है उसे क्यों चाहता नहीं,
जो खो गया उसका मलाल क्यों,
बस आज ही से क्यों राब्ता नहीं...

ग़ज़ल

ना याद करता है अब, ना याद आता है,
एक शख़्स हमें शहर की रिवायतें सिखाता है...

भूल जाना बातों को, मुश्किल है बहुत,
वो कहता ही है या सच में वादे भूल जाता है...

आदत है हमारी, हम कुछ भी मान लेते हैं,
वो भी क्या मानता है सब, जो हमें बताता है...

यूँही उस अदाकारी के कायल नहीं हैं हम,
मिलता है सालों बाद और फिर गले लगाता है...

भीड़ में भी हमको, वो पहचान लेता है,
करके यह एहसान, फिर हमें हरबार जताता है...

निभाने को उसके पास जिम्मेदारियां हैं बहुत,
शायद इसी लिए वो अपने वादे कम निभाता है...

रिवायतें - रस्में

गुज़रे वक़्त के जख्मों की निशानी पर,
कभी ग़ज़ब भीड़ कभी तन्हा वीरानी पर,
ज़िन्दगी ने दिए तजुर्बे बेपनाह मुझको,
रहा फ़ख़्र मुझे वक़्त की हर कहानी पर...

ग़ज़ल

ताल्लुक़ ए मतलब शख़्सियतें बदल जाती हैं,
उसूल इस जहान में भाव कौड़ियों के बिकते हैं...

बड़ा मुश्किल है अफ़साने पुराने याद ना आएं,
ज़ख़्म पुराने माज़ी के ही बन के नासूर रिसते हैं...

सबको सबकुछ क्योंकर मयस्सर नहीं होता,
बेगाने से क्यों होते हैं जो अपने ही से दिखते हैं...

हमने देखी है आफ़ताब की अब्र से शिकस्त,
बस चरागे उम्मीद ही सरे आंधियों के टिकते हैं...

सफ़र ए सुख़न का अपने क्या हाल बताएं,
बस गुबार हैं दिल के जो सफ़्हात पर लिखते हैं...

ताल्लुक ए मतलब - मतलब के रिश्ते, शख़्सियत - व्यक्तित्व, माज़ी - अतीत, मयस्सर - हासिल,

आफ़ताब - सूर्य, अब्र - बादल, सुख़न - शायरी, सफ़हात - पन्ने

गिरते हैं फिर संभलते रहते हैं
हर मोड़ रास्ते बदलते रहते हैं,
रास्ता मंज़िल हो गया जिनकी,
मुसाफ़िर तो बस चलते रहते हैं...

ग़ज़ल

उनकी आँखों के समंदर में डूबते उतरते हुए,
हमने देखा है कई बार, आईने को सँवरते हुए...

रहे थे हम भी रिंद कभी, लोग मिसाल देते थे,
अब हाथ लरज जाते हैं, पैमाने को भरते हुए...

समाए बैठा था जो दरिया की रवानगी खुद में,
एक पल भी नहीं लगा, साहिल को बिखरते हुए...

आसां नहीं है अपनी अहमियत बनाए रखना,
जो बरस नहीं पाते, देखा है उनको गरज़ते हुए...

दिखा सकता है कुछ भी, ये वक़्त है अज़ीम,
अब्र भी रहते हैं कई बार, आब को तरसते हुए...

रिंद - शराबी, अज़ीम - महान, अब्र - बादल, आब - पानी

चुप रहे हम, तो वो चुप रहने नहीं देते,
बोलते हैं गर, तो कुछ भी कहने नहीं देते,
गिले शिकवों की भी क्या खूब कही तुमने,
दर्द को भी खामोशी से वो सहने नहीं देते...

ग़ज़ल

कुछ आदतों से अपनी, बहुत मैं घबराता हूँ,
जहाँ होता है चुप रहना, वहीं पर बोल जाता हूँ...

दिल और ज़ुबान एक है, फितरत है यही मेरी,
परतों में जो रखने होते हैं, राज वो खोल जाता हूँ...

सबक तेरे ऐ ज़िन्दगी, कहीं भूल नहीं जाऊँ,
माज़ी के ज़ख्मों को, अक्सर मैं टटोल जाता हूँ...

जो बेनूरी है अगर उसकी, तो मेरे रंग तो मेरे हैं,
उसकी बेवफ़ाईयों में, वफ़ा का रंग घोल जाता हूँ...

मेरे गिरने से भी पहले, वो मुझ को थाम लेता है,
है यकीन अगर इतना, तो फिर क्यों डोल जाता हूँ...

हैं हकीकत के वक़्त कभी एक सा नहीं रहता..
चले हैं अपनी ही चाल यूं तो कुछ नहीं कहता..
बेहया देखे हैं हर मोड़ खुद को ही बदलते हुए,
मर्ज़ी का हैं मालिक दखलअंदाज़ी नहीं सहता...

ग़ज़ल

रंज उस नज़रअंदाज़ी का संभलता ही नहीं,
क्या लिखूँ ग़ज़ल जब वो उसे पढ़ता ही नहीं...

फिर कभी किसी मोड़ पर मुलाकात होगी,
सुरूर गलतफ़हमियों का उतरता ही नहीं...

हश्र मालूम है दिल को इस इंतज़ार का,
जानता तो है सब मगर समझता ही नहीं...

इश्क़ और वफ़ाओं ने फुसलाया तो बहुत,
मगर वक़्त है कमबख़्त के बदलता ही नहीं...

पारे सी फितरत थी हर हाल में ढलता था
दिल हो चुका है पत्थर अब पिघलता ही नहीं...

अपनी सहूलियत से भुला देना हमको,
दिल जब चाहे फिर बुला लेना हमको,
मुन्तज़िर रहेंगे हम तो तुम्हारे ताउम्र,
अपनी चाहतों की फिर सज़ा देना हमको...

ग़ज़ल

ज़िन्दगी तुमसे कोई शिकायत भी नहीं,
उलफ़त भी नहीं और अदावत भी नहीं..

धरी रह जाएंगी ज़माने भर की दौलतें,
ज़रूरत भी नहीं और हसरत भी नहीं..

ग़मो खुशी में रहा एक ही सा ज़ायका,
ज़लालत भी नहीं और लज़्ज़त भी नहीं..

जो मिला जैसे मिला हर हाल में कुबूल,
किफ़ायत भी नहीं और शिकायत भी नहीं..

जैसे वो आया था वैसे ही गुज़र गया,
नफ़रत भी नहीं और मोहब्बत भी नहीं..

आम हो जाने में 'दलजीत' है बड़ा सुकून,
ज़ेहानत भी नहीं और जहालत भी नहीं...

उलफ़त - प्रेम, अदावत - शत्रुता, ज़लालत - अपमान, लज़्ज़त - स्वाद, किफ़ायत - बचत,

ज़ेहानत - बुद्धिमता, जहालत - मूर्खता

शोख निगाहों को आईने में निहारता होगा,
मुस्कुरा कर संवारता होगा,
वक़्त तो ज्यों थम सा गया है मेरे लिए,
न जाने वक़्त वो अपना कैसे गुज़ारता होगा...

ग़ज़ल

मुश्किल खुद को यह बात समझाना होगा,
तल्ख़ हो चली है ढलान, अब हमें जाना होगा...

मेरी ख़ाक नहीं लफ्ज़ों को संभाल कर रखना,
मेरे वज़ूद से भी दिलकश मेरा फसाना होगा...

तेरे इंतज़ार पर भी हमको ऐतबार रहता है,
शायद इस मरतबा तो कोई नया बहाना होगा...

रहने दो अब मुझे मेरे मुस्तक़बिल के साथ,
वो जो गुज़र गया वो गुज़रा हुआ ज़माना होगा...

बेमतलब सा लगने लगा है आईना हमको,
फ़ानी को छोड़कर अब रूहानी सजाना होगा...

मुस्तक़बिल - आने वाला वक़्त, फ़ानी - सदा ना रहने वाला, नश्वर

कभी कभी

कभी कभी दिल दुखता भी है,
कभी कभी इश्क़ चुभता भी है,
कभी कभी धड़कनें नहीं चलतीं,
कभी कभी वक़्त रुकता भी है...

कहीं कहीं घनी छाँव नहीं होती,
कहीं कहीं नम आँखें नहीं रोती,
कहीं कहीं एहसास मौन होते हैं,
कहीं कहीं बंद आँखें नहीं सोती...

किसी किसी को कहा नहीं जाता,
किसी किसी से रहा नहीं जाता,
किसी किसी से राहें हैं मिली होतीं,
किसी किसी को सहा नहीं जाता...

कैसे कैसे ज़ख्म सह लेते हैं हम,
कैसे कैसे जिस्म से निकले है दम,
कैसे कैसे ज़िन्दगी लेती है मोड़,
कैसे कैसे काफी भी हो जाए कम...

सर से लेकर पाँव तक पिघलना होगा,
कभी, कहीं, किसी से कैसे मिलना होगा...

पार्क में घुमते चेहरे

कुछ दौड़ते, कुछ ठहरे,
किसी किसी पर मुखौटों के पहरे,
कहीं हर्ष, कहीं विषाद हैं गहरे,
विविध हैं कितने, पार्क में घूमते चेहरे..

कुछ तेज चलते, कुछ चलते मध्यम,
दौड़ते कुछ, कुछ थके कदम,
अकेले कई, कई कईयों का संगम,
कोई हमकदम के साथ खुशियाँ उकेरे,
विविध हैं कितने, पार्क में घूमते चेहरे..

हाथ में मोबाईल, बात धंधे की,
अलसुबह ही दिख जाती है जात बंदे की,
रिजक हो गई है मानो लाठी अंधे की,
रहना है शहर में, और सपने सुनहरे,
विविध हैं कितने, पार्क में घूमते चेहरे..

किधर तो है मालिश, किधर योग है,
कसरत करे कोई, करे कोई भोग है,
बनावटी ठहाके, कोई तालियों से निरोग है,
कोई जर्जर, कोई स्थूल, कोई इकहरे,
विविध हैं कितने, पार्क में घूमते चेहरे..

कोई भारी है, कोई दिल से मजबूर,
किसी पर चढ़ा शरीर सौष्ठव का सुरूर,
धन का किसी को, किसी को रूप का गुरूर,
दायरे हैं सबके अलग, कोई कहाँ जा ठहरे,
विविध हैं कितने, पार्क में घूमते चेहरे...

औकात

खुद से जुड़ी हर बात पता है,
मुझको मेरी औकात पता है..

अनदेखे से डर जाता हूँ, असमंजस में पड़ जाता हूँ..
कुछ नहीं जब कर पाता तो, कुछ बेमतलब सा कर जाता हूँ...
चिंताओं का दिन पता है, नीम सुलगती रात पता है..
मुझको मेरी औकात पता है...

चार चवन्नी जेब के अंदर, ख़्वाब हैं जैसे शाह सिकंदर...
सूफी सा चेहरा रखता हूँ, समझूं खुद को मस्त कलंदर...
मुखौटों के जज़्बात पता है, अपने सब हालात पता है..
मुझको मेरी औकात पता है...

मिली हैं कुछ साँसें उधार की, कशमकश रही आरपार की..
जोड़ जोड़ कर जनम गँवाया, पल्ले फिर भी कुछ नहीं पाया..
रिश्ते नातेदार पता हैं, कोई नहीं है साथ पता है..
मुझको मेरी औकात पता है...

साँसों पर कोई जोर नहीं है, वक्त से कोई होड़ नहीं है...
आज नहीं तो कल जाऊँगा,किस को क्या क्या समझाऊँगा..
जनम मरण का साथ पता है, जाना है खाली हाथ पता है..
मुझको मेरी औकात पता है...

आसमान

यह जुनून है मेरा,
यह मेरी उड़ान है..

नापकर आसमानों को, पंख सँवारता..
एक घर को छोड़ कर, एक घर तलाशता..
मंज़िलें आसानी से तो, हासिल नहीं होतीं..
नाकामयाबियों की गर्द, हौसलों से बुहारता..
नयी ज़मीन पर नये कदम, कहाँ आसान है...
यह जुनून है मेरा,
यह मेरी उड़ान है...

कुछ ख़्वाब नये, सजाने चला हूँ मैं..
राह फ़र्श से अर्श तलक, बनाने चला हूँ मैं..
मेरी परवाज़ बहुत दूर तक होगी..
अपना आग़ाज़ दिखाने चला हूँ मैं..
मेरे कदमों तले ज़मीं, मंज़िल आसमान है...
यह जुनून है मेरा,
यह मेरी उड़ान है...

कुछ पाने की चाह में, कुछ खोया भी तो है..
पलकों को तन्हाइयों में कभी भिगोया भी तो है
जानता हूँ राह में, मुश्किलें तो होंगी..
टूटती कड़ियों को, सब्र से पिरोया भी तो है...
लड़कर हालात से जीता, वही तो इन्सान है...
यह जुनून है मेरा,
यह मेरी उड़ान है...

यही जुनून है मेरा,
यही मेरी उड़ान है...

बेटियाँ

सौभाग्यशाली हैं वह लोग ईश्वर जिन्हें बेटियों से नवाज़ता है। होती होंगी माँ की लाडलियां, मगर पिता का अभिमान होती हैं बेटियाँ। भले ही पिता जुबान से ना कहता हो, मगर उसके हृदय के तार हमेशा ही अपनी बेटी से जुड़े रहते हैं। एक ऐसा रिश्ता जो लफ़्ज़ों में बयां कर पाना मुश्किल है....

रब ने
मेरी आँखें लीं,
और ली मुस्कुराहट मेरी..
मेरी सोच
और ले लिया दिल भी मेरा..
सब कुछ घोला दूध केसर में,
और बनाई जादू की पुड़िया..
कोख से जन्मा कर माँ की उसके,
हाथ थमा दी मेरी गुड़िया..
अपनी रूह से मिलते हैं कैसे,
पहली बार जब थामा ऐसे..
कैसा दिखता हूँ मैं खुद को,
जब गोद में देखा मैंने उस को..
वो बहन है मेरी, वो मेरी माँ है,
ये जो बेटी है मेरी, मेरी जां है..

लाड लड़ाए, कभी डाँटे भी,
हाथ थाम कर दुख बाँटे भी..
ठीक हूँ मैं.. समझाए मुझको,
मैं बच्चा लगता हूँ क्या उसको..
गले लगा लूँ माथा चूमूँ,
गोद उठा कर जोर से घूमूँ..
अब दूर बहुत है क्या बतलाऊँ,
टीस को अपनी क्या समझाऊँ..
पापा हूँ मैं रो नहीं सकता,
उसको छूने का क्या मन नहीं करता..
जनक सा रुतबा बड़ा महान है,
दिल और घर दोनों वीरान हैं,
सच.. बेटियाँ भेजना कहाँ आसान है...

बेटे

यह हमेशा महसूस किया जाता है के एक दूसरे का हृदयतल से भला चाहते हुए भी पिता और पुत्र में हमेशा ही एक वैचारिक दूरी रहती है। चाहे पीढ़ियों की सोच का अंतर मान लें या अनुभव और जोश की प्रतिस्पर्धा, एक अनदेखी रेखा हमेशा बाप और बेटे में खिंची ही रहती है। मगर दोनों ही यह जानते हैं के दोनों ही एक दूसरे के बिना अधूरे हैं...

दिखा नहीं सकता,
पर दिल कुछ उदास रहता है..
वो जब पास था तो दूर था,
अब दूर है तो पास रहता है...
वो अपने पंख है सँवार रहा,
अपने आसमान को नापता..
एक घर को छोड़ कर,
एक घर तलाशता...

अस्तित्व, पहचान, सोच,
जुदा जरूर रही होगी..
खुद को समझाने को कोई बात,
कभी तल्खी से भी कही होगी...
संवाद और मौन के बीच का दरिया,
बनके इक बूँद पलकों के कोर से बहता है...
वो जब पास था तो दूर था,
अब दूर है तो पास रहता है...

कभी कभी वो आईने में दिखता है,
पहले तो नहीं अब मुझ सा लगता है..
पूर्णता शायद यही होती होगी,
रगों में जब वो लहू सा पिघलता है..
अनदेखी तारें पहले कभी दिखी ही नहीं,
तलों में कहीं अंतःकरण एक रिक्तता सहता है...
वो जब पास था तो दूर था,
अब दूर है तो पास रहता है...

सम्पूर्ण अर्धांगिनी

अपना सर्वस्व पति और परिवार पर न्यौछावर करने का हौसला शायद एक पत्नी में ही होता है, तभी तो पति के लिए वो अर्धांगिनी होते हुए भी सम्पूर्ण होती है... उसी समर्पित पत्नी के पचासवें जन्मदिन पर उस सम्पूर्ण अर्धांगिनी के समर्पित चंद पंक्तियाँ..

वही शोखियां, मुस्कुराहटें,
शरारतें वही..
झुकाकर पलकों को,
कनखियों से देखना वही..
ऐसे भला पचास का, कोई होता है कहीं...

किस कदर हर बात को तोलना,
देखना वक़्त से पार वहीं..
काम,काम और काम,
देखना, बारीकियां टटोलना,
काम का सर अंजाम वही...
ऐसे भला पचास का, कोई होता है कहीं...

जहान को समझना बच्चा और समझाना,
बच्चों को समझना जहान वही..
इज़्ज़त बड़ों की, लिहाज़ उम्र का,
कद्र हुनर की दिल में सम्मान वही..
ऐसे भला पचास का, कोई होता है कहीं...

लड़ना सिर्फ मुझसे, बिगड़ना मुझ पर,
बचा कर रखना आसुंओं को मेरे लिए..
रहना मेरे दिल में,
बताना दिल की हर बात वही..
ऐसे भला पचास का, कोई होता है कहीं...

कुछ नहीं बदला, मानो सदियां बीत गईं,
चलता वक़्त भी थमा सा लगता है,
वही इश्क़, वही जुनून, हसरतें वही..
इक उम्र का सफर रहा, ज़रा सा बदलते तो सही..
ऐसे भला पचास का, कोई होता है कहीं...

कुछ अपने लिए

जुनून

इक लावा है जलता हुआ,

तू अपने दिल को समझा..

मेरी आँखों में तूफान को देख,

मेरे बालों की सुफ़ेदी पे ना जा...

उम्र की ढलान तो हरकत है महज़,

ज़िंदगी के तजुर्बों में बरकत है महज़..

इक फ़ेहरिस्त बची है जुनून की मेरे,

करने हैं बहुत काम जो रह गए अधूरे..

खेल तमाम का बस तमाशबीन बन जा..

मेरी आँखों में तूफान को देख,

मेरे बालों की सुफ़ेदी पे ना जा...

इक बार की तो उम्र है, जी लेते हैं,

आब ए ज़ीस्त इस उम्र का भी, पी लेते हैं..

क्या हुआ जो फतह दुनिया ना कर सके,

हाथ दो ही तो थे, कायनात ना भर सके..

बेपरवाह रहे अबतक, क्या बदलेंगे अब लहज़ा..

मेरी आँखों में तूफान को देख,

मेरे बालों की सुफ़ेदी पे ना जा...

अर्धविराम

ठहर जाने की उम्र
पचपन को मानता हूँ
और ख़ुशफ़हमियां तो देखिए,
अब भी बचपन तलाशता हूँ..
खोने और पाने के हिसाब में,
कच्चा ही रहा गणित के जवाब में..
क्या पाया क्या खोया, कभी सोचा नहीं जुड़कर,
वक़्ती आपाधापी में, कभी देखा नहीं मुड़कर..
अब सोचता हूँ कुछ अलग किया जाए..
जो जी रहे मेरे लिए,
तोहफा समय का उनको दिया जाए..
बहुत जी लिया जग की ख़ातिर,
अपने सपनों को भी जिया जाए..
झाड़ते हैं फिर से बकट लिस्ट एक बार,
स्काई डाईविंग, बुल्ट, लॉन्ग ड्राइव,
और वो कोने में अपनी बाट जोहती गिटार..
कुछ सुनो दिल की, कुछ खुद को पुकारो..
आज ही जी लो, अब कल का क्या पता यारो...

www.ingramcontent.com/pod-product-compliance
Lightning Source LLC
LaVergne TN
LVHW041711070526
838199LV00045B/1296
* 9 7 8 9 3 5 9 8 9 3 4 9 5 *